二十世紀から何を学ぶか（上）

一九〇〇年への旅　欧州と出会った若き日本

寺島実郎

新潮選書

二十世紀から何を学ぶか（上）——一九〇〇年への旅　欧州と出会った若き日本　目次

写真提供・毎日新聞社／共同通信社／ＰＡＮＡ通信社

二十世紀から何を学ぶか（上）——一九〇〇年への旅　欧州と出会った若き日本

はじめに

二十一世紀を前にして、自分の眼と頭で考えておくべきことを確認するため、私は思索の旅にでた。二十世紀とは何だったのか。そして我々が二十一世紀に持ち込もうとしている課題とは何なのか。この本は、一九〇〇年という今から百年前に視座をおいて、再考すべきと思われるテーマをその歴史の現場に足を運び、一つ一つ積み木細工のように思考を積み上げ、総体としての時代認識を構築する試みでもある。全体構想としては、一九〇〇年の地球を輪切りにするように思索するアプローチだが、まずは一九〇〇年の欧州を舞台に選び、時代認識を深めていくこととした。

こうしたアプローチを考えるきっかけは、米国の首都ワシントンで働いていた九〇年代の初め、EUのワシントン駐在大使だったファン・アフト氏（元オランダ首相）が「アメリカをより深く理解しようというのなら、欧州を訪れて欧州からアメリカを観察しなければだめだよ」と示唆してくれたことだった。知的三角測量とでもいうべきか、駐日EU大使として東京での生活も経験し、物事を別の角度から相対的に見る態度を身につけたアフト氏の一言を受けて、欧州訪問の機会を積み上げてきた。なるほど、欧州から見るアメリカそして世界は、日本から見る映像とはまるで異なるものであり、調査を深めるにつれて、発見と再認識の連続となった。

「知の遠近法」というのか、歴史認識の射程を長くとり、しかも地理的空間軸を広くとると、時代認識は深まるものである。結局、この欧州篇の着想から完結までの八年間に、欧州を十六回も訪れたことになる。新潮社の国際情報誌「フォーサイト」での二年半にわたる連載を単行本としてまとめあげながら、改めて整理、確認できた何点かを記しておきたい。

第一に、近代史の深層底流において、いかに日本が欧州の影響を受けたかという歴史の再確認である。戦後の半世紀以上、日本はあらゆる意味で米国との関係を基軸に生きてきた。外交とは「対米外交」を意味するといっていいほど、米国との緊密な関係を前提に冷戦の時代を生きてきたのである。生活様式から物の見方や価値観まで、どっぷりと米国流に浸ってきたといえる。そのなかで、「日欧関係は失われたリンク」という表現がなされるほど、欧州と日本の関係は希薄になってきた。しかし、注視すれば「埋め込まれた記憶」のごとく、この国の近代史のスタート時点で、いかに我々の先人達が真剣に欧州にアクセスし、学習したのかが分かるのである。

第二に、百年前を生きていた日本人がいかに偉大だったかという感慨である。歴史の過程で物事は美化されたり、誇張されたりするものである。しかし、じっくりと資料にあたり、事実関係だけを注視しても、あたかも徒手空拳で体当たりするように欧州に展開した百年前の日本人の情熱と使命感には驚嘆すべきものがある。もちろん、ロンドン留学時の夏目漱石のように神経症になるほど冷静に物事を観察する人物もいたが、それとても日本が置かれていた状況に対して真剣に苦闘していたということであり、百年前の日本人の「時代と対峙する真摯な姿勢」には胸熱くなる思いである。先人の苦闘の足跡を正しく認識することは、人間を謙虚にする。自分の苦しみや悲しみなど何程のものでもないと思えてくる。このことが歴史認識をもって変革を志向することのエネルギー源なのである。

もちろん、いかに真剣に欧州にアプローチしたからといって、日本人が結局は欧州に学びえなかったものにも気付く。産業革命以後の欧州の文明と技術には驚嘆し、受け入れたが、フランス革命以後の欧州が「民主主義」を巡り苦闘してきた過程については、十分に理解したとはいえない。このことが、今日でも日本の民主主義の底を浅いものとし、「かりものの民主政治」の域をでないものとしていることにも気付くのである。日本近代史と欧州の位置関係を再考しておくべき理由はここにもある。

第三に気付くのは、二十世紀を性格づける要素の萌芽は、十九世紀の末にはことごとく地中に内在しており、決して歴史は脈絡なく突然に変わるものではないということである。社会主義の潮流にしても、ヒットラー、ムッソリーニなどファシズムの台頭にしても、決して唐突に展開されたものではなく、因果・因縁、背景があって生じたものなのである。このことは、現代を生きる我々にとって示唆的である。つまり、未来は現在の中に内在しており、現在への真剣な関わりの大切さを示しているからである。

ちょうど長い芝居の幕を一つ一つ鑑賞していくように、この本を読み進めてもらえればと思う。その中で、二十世紀の鼓動と二十一世紀への課題が感じられれば幸いである。

第一章　一九〇〇年　パリ

万国博覧会を訪れた日本人

二十一世紀が近づいている。世紀末である。二十一世紀を展望する様々な議論が始まっている。だが、我々はその前に「二十世紀とは何だったのか」をしっかりと問い直し、歴史意識の中で自らの立脚点を確認すべきである。

今日、日本人の「歴史認識」が問い直されている。だが、日本近代史の評価は単純なものとは思えない。私は、一九〇〇年、つまり前世紀最後の年に視座を置いて、二十世紀の幕を開いた人々を改めて注視し、しかも日本を照射するグローバルな視界からの二十世紀再考を試みたいと思う。これは歴史認識を踏み固めるための習作であり、自由に時間と空間の枠を飛び越えながら書き進めたい。

ディズニーランドの淵源

フロリダ・オーランドのディズニー・ワールド。カリフォルニアのディズニーランドに続いて、この地に「夢の遊園地」を創ろうというウォルト・ディズニーの挑戦が実現したのが一九七一年。今やディズニー・ワールドは、東京の山手線の内側よりも広い土地の中に、マジック・キングダム、エプコット・センター、MGMスタジオなど大小十を超すテーマ・パーク、六つのゴルフ場、様々なタイプのホテル、ショッピング・センターを集積した巨大リゾートに成長し、年間四千万人の客を世界中から集めている。

そのマジック・キングダムにあるトゥモロウ・ランド（未来の国）に、五年ほど前、「タイム・キーパー」という新しいアトラクションができた。マルチメディアを使った三六〇度のサークル・ビジョンで、タイムマシーンに乗って過去や未来を訪ねるという趣向である。その中の映像に突然、一九〇〇年パリ万国博覧会会場のグラン・パレ（大殿堂）のシーンが登場する。現存するグラン・パレを使い、十九世紀末の衣装を着た観衆を登場させ、一九〇〇年万博を臨場感をもって再現している。つまり百年前のパリ万博の雰囲気が、新しい情報技術によって、そのまま体験できるわけで、一九〇〇年を追い詰めている私は、少なからず感動した。

パリという街は、万国博覧会を繰り返し、そのたびに街としての姿を整えてきた。なにしろ十九世紀の間に、一八五五年、六七年、七八年、八九年、そして一九〇〇年と実に五回の万博が開かれたのである。万博というのは、一八五一年のロンドン万博に始まる。巨大な水晶宮（クリスタル・パレス）を登場させ、ビクトリア朝の栄光と産業革命の成果を凝縮したかのごときロンドン万博は、四百万人ともいわれる大衆を、世界の産品を集めた水晶宮に引き寄せ、熱狂させた。このロンドン博の成功に刺激されたのが、一八五二年に即位したナポレオン三世で、自らの帝政の威信を盛り上げようとシャンゼリゼでの万国博の開催を決意する。この五五年パリ博は、五百二十万人の観客を動員、「博覧会都市」としての十九世紀のパリの性格を決定付けた。現在のパリの有名な十九世紀の建造物は、そのほとんどが万国博覧会の施設として造られたといってもよい。

実は、私は機会あるごとに世界各地のアンティーク市場を訪ね、万国博覧会関連の歴史的資料やグッズを少しずつ集めている。気づくのは、現代の大衆消費文化形成に果たしてきた万博の役割であり、例えば、現在のディズニーランド型のエンターテインメント・パークに盛り込まれた様々なアトラクションの淵源は、ほとんどどこかの万博において試みられたものにある。つまり、現代のテーマ・パークは、「常設の万博」なのである。

象徴としてのエッフェル塔

モーパッサンは、エッフェル塔嫌いで有名だったが、しばしばエッフェル塔のレストランで食事をした。「ここは、私がパリで塔を見ないですむ唯一の場所だからさ」と嘯《うそぶ》いていた、と意味論学者ロラン・バルトは、その著『エッフェル塔』で述べている。一八八九年の万国博のシンボル・タワーとしてエッフェル塔が建設された当初、パリの芸術家やインテリは、この塔を「俗悪な物質主義の象徴」「無用の長物」として蔑視した。にもかかわらず、この地上三百メートルの鉄塔は、圧倒的な大衆の支持を受け、世界に対しパリの象徴としての存在感を持ち始める。

結局、エッフェル塔は、二十世紀という「鉄と電気の時代」の象徴として博覧会都市パリに聳《そび》え立ったと言える。七千トンの錬鉄を使用した鉄骨造りの塔は、鉄文明の本格的到来を誇示するかのごとき存在感を放った。一八九〇年からの二十年間で、ヨーロッパの粗鋼生産は五倍になったといわれる。また、エッフェル塔は、あらゆる意味で「電気の塔」であった。照明という意味で、アーク灯、白熱灯によって、パリの夜空に塔が浮かび上がったのみならず、油圧式の電動エレベーターを装備していたという意味においても「電気の塔」であった。世界初の電動エレベーターは、オーチス社が開発し、一八八九年にニューヨーク五番街・三十三丁目のデマレスト・ビルに設置されたが、ほぼ同時にエッフェル塔にも納入されたわけで、画期的なものであった。

エッフェル塔には、三層のテラス（展望台）があるが、その最上テラスに小さな博物館があり、エッフェル塔を訪れた著名人の写真などが展示されている。その中に、エジソンとエッフェル塔の設計者エッフェルが面談している写真がある。正にこの一八八九年のパリ万博は、電気テクノロジー紹介の一大イベントであった。機械館には、エジソンの蓄音機や、電話、電動モーターなども展示され、注目を集めた。この八九年万博は、実に三千二百四十万人の観客を動員した。

海軍軍人秋山真之の目的とは

フランス革命百年を記念した八九年万博から十一年、正に世紀末の一九〇〇年、再びパリで万国博覧会が行われた。五回にわたる十九世紀パリ万博の集大成ともいうべきもので、観客は四千八百万人に及び、呼び物は無線電信とX線であり、電動の大観覧車であった。

この一九〇〇年万博を、幾人かの興味深い日本人が訪れている。一人は海軍軍人秋山真之《さねゆき》である。司馬遼太郎の『坂の上の雲』の主人公であり、日本海海戦の天才参謀である秋山は、一九〇〇年五月十一日から万博を訪れ、翌十二日にエッフェル塔に登っている。

この年の一月、秋山は二年半のワシントンでの「日本公使館付留学生」としての生活を終え、英国駐在武官としてロンドンに着任した。ワシントン時代の秋山が、米西戦争（対スペイン戦争）を観戦武官という立場で目撃し、米艦船に乗り組んで、カリブ海での海戦、揚陸戦、封鎖戦を体験して、緻密かつ膨大な報告書を海軍省に書き送ったこと、『海上権力史論』の著書で有名な軍略家のA・T・マハン大佐を訪ね面談したこと、などはよく知られた話である。

四年後の一九〇四年に日露戦争となるのだが、当時の欧州情勢は、ロシアとフランスの同盟に対しドイツ、オーストリア、イタリアの三国同盟が対峙し、微妙な緊張を孕《はら》んでいた。日英同盟は、一九〇二年一月に成立したが、一八九九年から南アフリカでのボーア戦争に巻き込まれた英国は、アジアでのロシアの南下政策を牽制するために、次第に日本との協調路線を選択し始めていた。後の日露戦争時の日本海軍の主力艦となる「敷島」「朝日」「初瀬」「三笠」といった四大戦艦をはじめ多くの軍艦は、英国で建造されたが、それも良好な日英関係を背景とするものであった。これらの軍艦の造船・造機に対する監督のため、多くの海軍士官が英国に派遣され、秋山のロンドンでの職責も、それらの海軍士官と連絡をとりながら欧州における海軍軍略・戦術を研究することにあった。

『坂の上の雲』の主人公としても知られる秋山真之（上）
1900年のパリ万博の絵ハガキ（下）

ロンドン着任後の秋山は、海軍省に欧州調査旅行を申請・許可されるが、その主眼は「ひょっとしたら、ロシアとの同盟を理由にロシア支援をあからさまにするかもしれない」フランスの海軍力の研究にあり、パリの万国博覧会も大きな関心事であった。島田謹二の名著『ロシヤ戦争前夜の秋山真之』（朝日新聞社）には、この四十日間の欧州調査旅行についても詳しい描写がある。

この時、秋山は、ロシアから「英仏独三国軍事見学」の目的で出張してきていた旧友広瀬武夫大尉と機関官（技術将校）の伊達只吉少監と共に、一行三人で旅をしている。若き海軍士官達は、驚くべき情熱と使命感で、軍港や造船所、軍需工場などを見て回っているのだが、興味深いのは、彼らが旅の途中で繰り広げた議論の中身である。エッフェル塔に登った日にも、フランス駐在武官の森山慶三郎大尉も加わり、エッフェル塔近くのレストランで談論風発している。

森山が、海外に出てみて痛感する日本の貧しさを語る。欧州の国々に比べ、鉄鉱石にせよ石炭にせよ、日本には大工業国家になる資源がない。海軍の艦船にしても、主力艦はすべて外国製で、わずかに稼働している横須賀の海軍工廠で建造した小型艦にしても、大砲も、機械も、機関も、全部フランス製である。「これから、日本はどうすればよいのか」、一同の嘆息はまことに深いものであった。日清戦争には勝ったものの、産業基盤といえば、ようやく繊維工業を中核とする第一次産業革命が進行中で、まだ重工業の発展にはほど遠い時代のことである。エッフェル塔や大博覧会を見せられた後の酒は、さぞかし胸に染みるものであったろう（注＝我国最初の銑鋼一貫製鉄所「官営八幡製鉄」が第一高炉の操業を開始したのが一九〇一年二月であった）。

百年後も変らぬ日本人

このとき、秋山は、日本のインテリの在り方について、今日でも通じるような観察を述べ、話題を転じている。

「ワシたち日本人のインテリは、どいつもこいつもみんな狭い意味の小専門家なのだ。海軍の仕事をしているやつは、海軍だけ。ほかのことはかえりみない。海軍以外のことはなんにも知らない。(笑)日本人のもつ特徴は、付き合っていれば西洋人にはすぐわかるんだ」(島田、前掲書)。この感想は、ほぼ百年後の現在、私自身が海外での生活を通じて得た印象そのものである。明治という「民族の高揚期」を担った海軍軍人が、エッフェル塔を見上げながら、思いを馳せたことに深い感慨を覚えざるを得ない。

一九〇〇年の万国博には日本館も出展していた。「着物を着た西洋娘がお茶とせんべいをサービスする」ような奇妙な面もあったが、秋山は日本の伝統美術を見るために二度も足を運んでいる。日本絵画、武器、甲冑、刀剣、扇子、漆器の精巧さに打たれ、「ヨーロッパ美術がまだ原始時代にねむっていたとき、日本人の芸術はすでにもう立派な高みに到達していた」と思う。そして、「昔から日本は寡黙だけれど、立派な知恵」と「他国の文明から学びとる聡い理解力と、変通応用の才能」を身につけてきたことを再確認し、秋山は、「あらためて祖国の伝統の中に息づく美と力にふかく打たれ、ふりかえって、日本海軍の理想とすべきものを教えられた気持ちになった」(島田、前掲書)という。

自らを客観視し、抱える課題を直視する意思を持ちつつ、一方で、日本人としての誇りを忘れず、自尊と自信を見失うまいとした先人の葛藤に心熱くなる思いである。秋山は、義和団の乱で風雲急を告げるアジアに呼び戻されるように、この年の七月にはロンドンを発ち、米国経由で帰国する。そして、この年の十月、夏目漱石が、ロンドン留学の途中、パリを訪れ万国博を見物している。

漱石もエッフェル塔に登った

俳人、正岡子規にとって一九〇〇年（明治三十三年）は不思議な年であった。一人の親友が欧州から帰国し、一人の親友が欧州に発った。ともに日本近代史に特異な光を放つ存在である。ロンドンから帰国（八月十四日横浜着）したのが秋山真之、ロンドンに出発（九月八日横浜発）したのは夏目漱石である。つまり、正岡子規を軸にして、この二人の人物が日欧を交錯したのである。子規は、この二人の友人について、晩年の書『筆まかせ』の中で、夏目を「畏友」、秋山を「剛友」と表現している。

日露戦争の天才参謀、秋山真之の欧州での活動については既に書いた。秋山は四国松山の出身で、正岡子規とは松山中学の同級生であり、陸軍軍人の兄を頼って上京して入った大学予備門でも子規と同級であった。自らも文学を志したが、進学する金銭的余裕や自分の特性を熟慮し、海軍軍人となることを決意した。しかし、その文才は、彼の米国留学中の報告書などの随所に発揮されたのみならず、日本海海戦時の「敵艦見ゆ……」の電信に「本日天気晴朗なれども波高し」の一行を書き加えたという有名な逸話にも凝縮されている。

夏目漱石は、一八八九年（明治二十二年）、第一高等中学校の同級生として子規を知り、漢詩や俳句の創作を通じ親交を深めた。一八九五年（明治二十八年）に松山中学の英語教諭として松山に赴任した際、子規が数カ月間、漱石の下宿に同居していたこともあるという。子規の影響もあって、一八九五年から翌年にかけて、漱石は盛んに俳句を詠んでいる。ロンドンに留学してからも、子規宛てに何度も便りを書いた。

正岡子規は、一九〇二年（明治三十五年）、病苦の中を三十五歳でこの世を去った。この時、漱石はロンドンに在り、帰国の直前であった。子規の訃報に接して、漱石は高浜虚子宛ての書簡で「……小生出発の当時より生きて面会致す事は到底叶ひ申間敷と存候。……子規追悼の句何かと案じ煩ひ候へども、かく筒袖姿にてビステキのみ食ひをり候者には容易に俳想なるもの出現仕らず……」といいつつ、友情を込めて五つの句を詠んでいる。その一つを記す。

「手向くべき　線香もなくて　暮の秋」

日本人の「共通原体験」

多分、夏目漱石のロンドン留学ほど、二十世紀の日本人にとって重要な意味をもった留学はないと思われる。福澤諭吉の「洋行」や「西洋事情」の紹介も、大いに日本人の目を見開かせたが、漱石の二年間のロンドン滞在は、旅行者ではなく生活者として英国の空気を呼吸し、観察したわけで、その体験は『三四郎』から『こころ』に至る一連の文芸作品を通じ、さらには「私の個人主義」や「現代日本の開化」などの評論・講演を通じ、何千万という日本人の思考に影響を与え、ある意味では日本近代化の過程での日本人の西洋理解の「共通原体験」となったのである。

ロンドンの夏目漱石については、後にじっくり考察することにして、ここではロンドンに辿り着くまでの漱石の足跡に注目しておきたい。日記と書簡を手がかりに、初めて海外を体験する三十三歳の英語教師の心の動きを追うことは、極めて興味深い。

一九〇〇年九月八日にドイツの汽船「プロイセン号」で横浜を発った漱石は、神戸、長崎を経て日本を後にした。神戸では下船し、諏訪山温泉で入浴などしている。まだ上海に着く前に「夢に入る者は故郷の人、故郷の家」と早くもホームシックの様子で、上海、香港、シンガポールと、日本旅館に泊まったり、「日本飯の食納」にこだわっている。香港からの高浜虚子宛ての手紙には、「唐人と洋食と西洋の風呂と西洋の便所にて窮窟千萬一向面白からず、早く茶漬と蕎麦が食度候」とある。

シンガポールの後、漱石はペナン、コロンボ、アデンを経て、スエズ運河（一八六九年開通）を通っている。十月九日付のアデンでの日記に奇妙な記述がある。「始めて亜弗利加の土人を見る。ロシヤナ仏の頭の本家は茲《ここ》にありと信ず」。神経症になるほどの過敏な感受性と同居した漱石独特のユーモアのセンスに思わず吹き出したくなるような観察に出くわすのである。

ポートサイドから地中海を航行して、ヨーロッパ最初の地として十月十七日にナポリに到着した。上陸して、教会や博物館などを見物、「この地は西洋に来て始めて上陸せる地故それほど驚きたり」と書き留めている。船をジェノヴァで下り、汽車でパリに向かった。パリ到着は十月二十一日であった。

欧州に着くまでの漱石の日記や書簡で気がつくのは、漱石には洋行とか海外留学に対する「気負い」が全くといってよいほど無いということである。これは明治期の国費留学生においては例外的なことで、ほとんどの場合、国家の期待を担った使命感に満ちたものであるのに対し、漱石にはそうした悲壮感はない。一つには、英国留学が決まる経緯について、漱石自身が「特に洋行の希望を抱かず、かつ他に余よりも適当なる人あるべきを信じ」勤務先の五高の校長と教頭の所へ断りにいったと書いているごとく（『文学論』序）、それほど積極的ではなかったこともある。しかし、こうした冷静さが、後にロンドンでの体験を経て、国家とか社会を相対化して考える「私の個人主義」といった思考に収斂されていったと思われる。

真剣に考え、悩んだ漱石

パリに着いた日の翌日、十月二十二日に、漱石は早くも万国博覧会を訪れ、エッフェル塔に登っている。エッフェル塔について漱石は、妻鏡子宛ての手紙で、次のように述べている。「今日は博覧会を見物致候が大仕掛にて何が何やら一向方角さへ分りかね候。名高きエフェル塔の上に登りて四方を見渡し申候。これは三百メートルの高さにて人間を箱に入れて綱条にてつるし上げつるし下す仕掛に候。博覧会は十日や十五日見ても大勢を知るが関の山かと存候」。

パリでの漱石の行動を追ってみると、結局、彼はロンドンに発った十月二十八日までの間に、二十二日、二十五日、二十七日の三日間、万国博覧会を見に行っている。二十五日の日記には「美術館を覧る。宏大にて覧尽されず。日本のは尤もまづし」とあり、二十七日には「博覧会を覧る。日本の陶器、西陣織、尤も異彩を放つ」と記している。漱石が万博に相当な関心を抱いていたこと、そしてやはり日本の展示を注視していたことが窺《うかが》える。パリについては多くを書き残してはいないが、漱石は「パリの繁華と堕落は驚くべきものなり」と書いてパリを去っている。

明治三十三年の日本から一九〇〇年のパリに辿り着いた青年漱石の心の段差と衝撃は、さぞ大きなものであったろう。それは木と紙の町並みの東京から鉄と電気のパリに来てしまったというだけでなく、世紀末パリの爛熟した文化に対する衝撃であり、近代の行方についての予感であり戦慄でもあった。パリからロンドンへ、青年英語教師・夏目金之助は、真剣に考え、悩んだ。そして、その悩みは近代日本そのものの苦悩と質を同じくするものであった。今日、日本人は毎日のように、千円札の人物として夏目漱石の顔を見ている。だが、どこまで真剣に彼の思考を受け止めているであろうか。

新たな世紀末を迎え、日本人に欠けているのは、正にこの「考える」姿勢ではないか。漱石のロンドン日記に残るこの言葉を思い出さざるをえない。

「未来は如何あるべきか。自ら得意になる勿れ。自ら棄る勿れ。黙々として牛の如くせよ。孜々として鶏の如くせよ。内を虚にして大呼する勿れ。真面目に考へよ。誠実に語れ。摯実に行へ。汝の現今に播く種はやがて汝の収むべき未来となつて現はるべし」(一九〇一年三月二十一日付)。

ピカソ・印象派・ジャポニスム

夏目漱石の慌ただしい一週間のパリ滞在中、一九〇〇年の十月下旬、スペインのバルセロナから十九歳の青年画家ピカソが初めてパリを訪れた。つまり、漱石とピカソはパリでニアミスしたのである。

ピカソと漱石というと「生きた時代がまるで違う人」という錯覚を起こしがちである。一九七三年(昭和四十八年)に死去し、九十二歳まで長生きしたピカソは、日本人の感覚からすれば「昭和の人」で、四十九歳で一九一六年(大正五年)に亡くなった漱石は「明治の人」と認識されるが、漱石三十三歳、ピカソ十九歳で、ともに初体験のパリにほぼ同時に足を踏み入れたのである。

世紀末文化の爛熟期

ピカソは、この年のパリ万博を機に催された「現代芸術十年展」に彼の作品が出展されることになり、この万博のために建設されたグラン・パレ(大殿堂)に展示された自分の絵を見るためにパリを訪れたといわれる（ピエール・カバンヌ著『ピカソの世紀』）。

　私は、バルセロナを訪れた際、十代の若きピカソが毎晩のように仲間達とたむろし、一九〇〇年の二月に最初の個展を開いたカフェー「クワトロ・ガッツ（四匹の猫）」に座り、酒を飲んだことがある。チャイナタウンの裏町の物悲しい店であったが、この場から二十世紀を代表する若き芸術家がパリを夢見て旅立っていったのかという感慨があった。

　ピカソの作品では、一九八一年にニューヨーク近代美術館から生誕百年を機にマドリッドのプラド美術館に返還された「ゲルニカ」が、そのテーマの衝撃度もあって有名であるが、バルセロナとパリ三区にあるピカソ美術館では、ピカソの絵の生成発展・変化を体系的に辿ることができ実に興味深い。

　美術評論家高階秀爾が初期の作品「ピカソ・剽窃の論理」（一九六四年）において鋭く検証したごとく、ピカソはベラスケス、ゴヤからドラクロア、ドガ、そして印象派の画家達までの様々な作品のモチーフや技法を、驚嘆すべき感受性をもって受容、模作、消化し、そこから自らの作風を創造していったことが分かる。ブラックを吸収、啓発し合いながらキュービズムを確立していった逞しさには、ただただ舌を巻くものがあり、その胃の強さは正に「二十世紀美術」のフロントランナーに相応しいものといえる。

　ピカソが登場した一九〇〇年のパリは、印象派の時代であった。ピカソはモンマルトルに居をみつけ、クリスマスまでの約二カ月の滞在の間、真剣にパリの様々な美術館を見て回った。ピカソ自身が評価していたのが、ドガ、ロートレック、ゴッホ、ゴーギャンなどであり、日本の版画にも魅せられたという。とくに、ロートレックには大きな影響を受け、パリで描いた最初の作品とされるダンスホール「ムーラン・ド・ラ・ギャレット」の絵は、明らかにロートレックの技法・タッチを吸収している。

十九世紀末のパリは、漱石が「繁華と堕落」と表現したごとく、近代技術・物質文明が開花し、その中で世紀末文化が爛熟の様相を示し始めていた。モンマルトルの丘の上にサクレクール寺院の建設が始まったのが一八七六年であったが（完成は一九一〇年）、この丘の坂道に、現存するシャンソニエ（シャンソン酒場）のラパン・アジールやナイトクラブのムーラン・ルージュのほか、印象派の溜まり場となっていたカフェ・ゲルボワなど多くの酒場やクラブができ、画家・作家・音楽家からアナーキストまでが、夜な夜な時代と芸術を熱っぽく語り、歌声を響かせていた。

パリ最初の火力発電所が建設され、遠くアルプスの水力発電所からも電力が市民の身近に供給され、「夜の闇がなくなった」のも世紀末から二十世紀初頭にかけてであった。パリの最初の地下鉄（メトロ）が開通したのも一九〇〇年であり、この時点でパリの電話台数は既に五千台を超えていた。

余談だが、なにがしかの好奇心を抱いて現在のムーラン・ルージュやラパン・アジールを訪ねることは決して勧められない。ムーラン・ルージュは、一晩三回入替のトップレスの一大ショウ劇場となり、観光客を詰め込むだけ詰め込み、飲みたくもないシャンペン付きで一人一万円近くという場に化している。また、ラパン・アジールも客の大半は日本人観光客ということが多く、それも「パリ通」を気取った中高年女性のグループが、思いつめたように「枯葉」や「ろくでなし」を唱和しており、「歌声喫茶」も逃げ出すような壮絶な雰囲気である。ただし、世紀末を恐怖とともに味わう観光コースとしてなら、それなりの意味があるかもしれない。

ピカソは漱石と同時代を生きた

印象派は「時代の運動」に

さてピカソだが、最初のパリ旅行の翌年、一九〇一年に彼は再びパリを訪れ、以後八回ピレネーを越えてパリとスペインを往復した後、一九〇四年にパリに落ち着く。そして、最初のパリ訪問に同行した友人カサスの失恋による自殺の衝撃を経て、一九〇一年からのピカソは、内向の「青の時代」に入っていくのである。外光派ともいうべき印象派の黄金時代の中での「青の時代」であった。ピカソが「青の時代」を脱するのは、最初の女性フェルナンドと愛の巣を作ってからであり、「薔薇色の時代」を経て、一九〇七年から「キュービズムの時代」に入る。

印象派の由来が、一八七四年四月に行われた「第一回印象派展」に出展されたクロード・モネの作品「印象・日の出」にあることはあまりに有名である。調べていて、この第一回印象派展が開かれた場所について、認識を新たにした。「キャプシーヌ通り三十五番地」という場所は、オペラ座からすぐのグランドホテルの向かいで、今日、日本人観光客がよく行くパリ三越の並び数十メートルの所である。

実は、私はモネが好きである。美術評論家でもないし、まともな絵一つ描けない「美術オンチ」なのだが、いかなるジャンルでも「創造」ということには人一倍の関心があって、美術についてもかなり徹底した鑑賞・観察の機会をもってきている。モネという画家を軸に印象派への理解を深めようという意図もあって、オルセーはもちろん、「日の出」のあるマルモッタン美術館、「夕日」のあるプチ・パレ、「睡蓮」のオランジュリー美術館、晩年のモネが住んで睡蓮の池や日

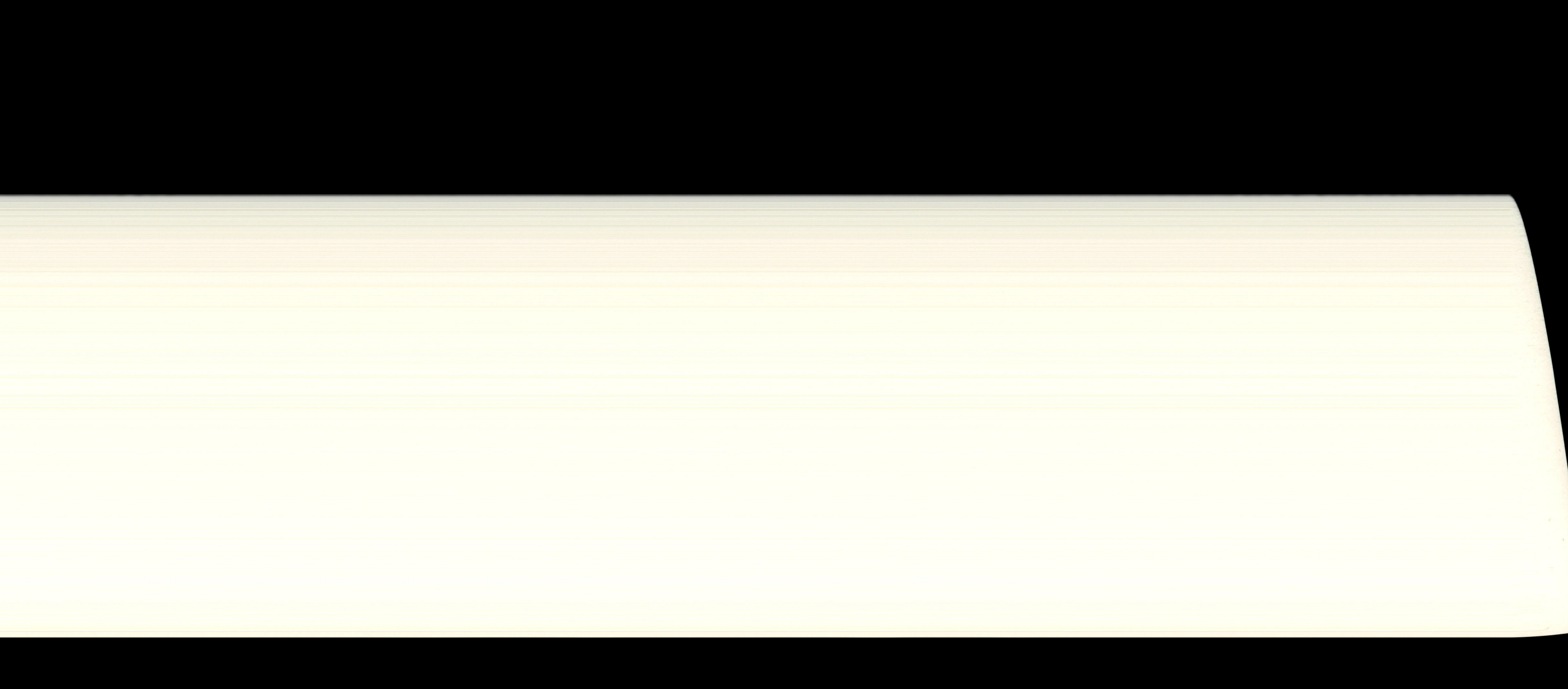

新潮選

本の太鼓橋を作ったジベルニーの家にも何回となく足を運んできた。モネに触れ、モネについての文献を読むにつれ、画家個人としての技量もさることながら、仲間や後輩に向けるモネの心の寛さが、彼を軸として印象派を「時代の運動」にまで高めていったことを感ずるのである。

モネのジベルニーの家に行って、いつも驚くのは、部屋の壁という壁に飾られた日本の浮世絵コレクションの数である。総数二百九十二点あるそうだが、モネはパリ在住の日本人画商の林忠正からその大部分を買ったという。

十九世紀に対する二十世紀の敗北

印象派を中心とした十九世紀後半の画家達への日本美術の影響については驚かされる。浮世絵を画中画として多用し、盛んに模写したマネやゴッホ、ボストン美術館の「扇を持つ日本女(ラ・ジャポネーズ)」を描いたモネや日本扇子を意匠に取り入れたルノアールなどがその典型である。印象派展の十年も前の一八六四年に日本の着物を着た西洋婦人を「磁器の国の姫君」(ワシントン、フリア美術館)として描いた米国人画家ホイッスラーという先行例や、世紀末ウィーンに異彩を放ったクリムトへの日本プリントの影響など、枚挙にいとまがない。

厳密にいえば、「ジャポネズリー(日本趣味)」と「ジャポニスム」は異なるようで、単に日本的な素材を取り上げているからといって、芸術上の志向としての「ジャポニスム」と混同してはならないようである。ただし、十九世紀末のヨーロッパが日本の美術の価値を発見し、図案・意匠・画法などを吸収したという事実は、日本人として自らの文化への誇りを自覚する契機として意義があると思う。よく語られる俗説に、「一八五〇年代に、日本から送られてきた陶器の保護のための詰め物として浮世絵の紙が使われており、偶然それをみた関係者の間で注目された」というのがあるが、最近の研究によれば、事実はもう少し根のある話のようである。

一八六四年のロンドン万博に際し、駐日英国公使のオールコック等が六百十四点の日本関連の品を提供し展示したとあり、更に一八六七年のパリ万博では、日本（徳川幕府）が正式に参加する形で展示品を送り、その中に百点の浮世絵があったという。契機という意味で、この一八六七年あたりが「欧州におけるジャポニスム導入期」のスタートとしてよいであろう。ここから一八七〇年代、八〇年代の「日本ブーム」となっていくのである。

ジャポニスムの研究の第一人者ともいうべき日本女子大学の馬淵明子教授は、近著『ジャポニスム　幻想の日本』（ブリュッケ、一九九七年）において、興味深い所説を展開している。ジャポニスムと共和主義の関係についての見解であり、それによると、当時のパリにおいて、ジャポニスムに共感し、支持した人達の多くが「ナポレオン三世に反対する共和主義者」であり、「ジャポニスムもその核心には芸術を超えた、社会の在り方と結びつく新しい発想を持っていた」というのである。つまり、日本の美術に「自然主義」（自然への共鳴）を見て取った欧州の芸術家は、欧州の「人間中心主義」（世界秩序を人間中心に考える思考）への懐疑・距離を、「ジャポニスム」という表象を通じ、旧来の権力（王制やキリスト教）に対峙する姿勢として確認していったのだという。この指摘は実に重要と思われる。

ところで、今回、ピカソ、印象派、ジャポニスムと一九〇〇年のパリの一側面を追ってみて実感したことであり、おそらくこの本を通しての問題意識として探求してみたいことは、「十九世紀に対する二十世紀の敗北」という視点である。これは、一九九六年に蓮實重彥東大総長（当時東大副学長）が東京大学の公開講座「文化としての二十世紀」の閉講の辞の中で、十の分野での二十世紀総括レポートのまとめとして述べた言葉であるが、「二十世紀に人類は本当に進歩したのか」という問いかけは、二十一世紀に向かおうとする今、避けることのできないテーマであろう。科学技術、政治経済、そして芸術、私達は十九世紀からのバトンを的確に次世紀に繫ごうとしているのであろうか。

知られざる日仏関係史

　戦後の日本人は、余りにアメリカとの関係に傾斜、専心して生きてきたために、欧州との関係を視界に入れることは極端に少なくなっている。しかし、幕末からの近代史で欧州が日本にもった意味は、まことに重いものであった。その中でフランスが日本近代化にもたらしたインパクトも決して忘れられてはならない。

日本近代化に貢献したフランス人

　日仏の公式の国交は、一八五八年の日仏修好通商条約にはじまる。翌年には、江戸の三田の済海寺にフランス公使館が設置され、初代公使としてD・ベルクールが信任状を受けた。二代目のフランス公使となったレオン・ロッシュは、とりわけ精力的に活動し、幕府の信頼を高めた。ロッシュと親交を深めたのが勘定奉行小栗上野介であり、その大きな結実がフランスの借款による横須賀の造船所建設であった。

　一八六五年（元治二年）に日仏間で結ばれた約定書によれば、相州横須賀湾にフランスのツーロン工廠の設備に倣って、製鉄所・造船所・修船場・武器蔵などの設備を二百四十万ドル、四年間の延べ払いで建設することが確認されている。この事業は、弱冠二十七歳のレオンス・ヴェルニーに率いられたフランスの技術顧問の献身的努力によって、一八六六年に着工、一八七一年に完成している。興味深いのは、一八六七年の大政奉還を挟む幕末維新の動乱期を通して粛々と建設工事が継続されたことで、江戸城開城の時にも「このプロジェクトを無傷で官軍に引き渡す」ことが交渉の一つのポイントになったという。

一八七六年（明治九年）には、この事業は日本人だけの自力管理の下におかれ、横須賀造船所として日本近代化を担う柱となった。この年、待望の国産第一号軍艦が竣工した。八百八十二トンの二等砲艦「清輝」である。その後、一九〇三年に横須賀造船所は横須賀海軍工廠となった。太平洋戦争での日本の敗戦後は、米軍が接収し米海軍基地となっている。感動するのは、百三十年を超す歴史の風雪を経て、現在も米横須賀海軍基地内の工場には、一八六五年製のスチーム・ハンマーが残っていることで、現役で稼働しているという。

また幕末の日仏関係史を調べていて驚いたのは、幕府崩壊直前の一八六六年に、幕府陸軍の体制建て直しのためにフランスからやってきた軍事顧問団の一人、ジュール・ブリュネという当時二十八歳の砲兵の存在である。彼は、幕府崩壊後も幕府軍の残党とともに官軍と戦い続け、一八六八年に榎本武揚が函館の五稜郭に立てこもり最後の抗戦を試みた時も、ブリュネ他約十人のフランス人が軍事顧問として参加した。フランス人の気質の一面を物語る話である。このブリュネという軍人は本国に帰り、軍歴の最後は少将だったという。

もう一つフランスが大きく貢献したのが生糸、つまり絹の製糸工場の建設であった。富岡製糸工場は、仏人ポール・ブリュナの指導の下に一八七二年に完成した。この工場では、四人のフランス女性の製糸工と三人の技師が技術を教え、翌一八七三年のウィーン万国博では、富岡の製品が進歩賞を受賞している。この工場も、日本の近代産業の出発点ともいえるもので、ここにもフランスとの縁が存在している。

サムライ達が受けた衝撃

幕府が最初のフランスへの使節を派遣したのは、文久元年（一八六一年）、竹内下野守一行であった。前年の米国への新見豊前守一行に続いて、通商友好条約を締結した欧州の六カ国（フランス、英国、オランダ、プロシア、ロシア、ポルトガル）にも使節を派遣することになったものである。この使節には、「翻訳方御雇」として福澤諭吉、松木弘安（後の外務卿・寺島宗則）、「定役通弁御用」として福地源一郎（桜痴）など、後に日本の近代化に大きな足跡を残した人物も参加していた。約一年間の長旅であった。

この一行がパリで宿泊したのが「ルーブルホテル」である。一行はその巨大さと設備に驚いた様子で、福澤諭吉も『福翁自伝』の中で、「パリの王宮の門外にあるホテルデロウブルという広大な家で、五階造り六百室、婢僕五百余人、旅客は千人以上差支えなしというので、日本の使節などはどこに居るやらわからぬ」「各室には温めた空気が流通するから、ストーヴもなければ蒸気もなし、無数のガス灯は室内廊下を照らして日の暮るるを知らず」と述べている。

チョンマゲ帯刀でパリの街を訪れた三十六人のサムライ達の受けた衝撃はあまりに大きく、

「失策また失策」の連続だったという。極端な例は、使節の一人がホテルで便所に行くと、「家来がボンボリを持ってお供をして、便所の二重の戸を開け放しにして、殿様が奥の方で日本流に用をたすその間、家来は袴着用、殿様のお腰の物を持って、便所の外の廊下にひらき直ってチャント番をしているその廊下は旅館中の公道で、男女往来織るが如くにして、便所の内外ガスの光明昼よりも明らかなりというからたまらない」(『福翁自伝』)という有様だった。

このホテルは今日も存在しており、私はこのホテルに宿泊して、残された資料はないかを尋ねてみた。日本の使節一行の滞在についての資料は無かったが、このホテルの歴史についての小冊子を入手することができた。それによれば、ルーブルホテルは一八五五年にナポレオン三世の命によって建設されたという。元々は、パレ・ロワイアル広場の東側にあったが、一八八七年に同じ建物の中にあったデパート(ルーブル百貨店)の拡張のためホテルは広場の西側に移動、それが今日のルーブルホテルだという。

使節一行がパリに到着した日(一八六二年四月九日)には、パレ・ロワイアル広場には、大勢の群衆が詰め掛け、「日章旗をたらした気球が上げられていた」という。私はこの広場に立って、百三十年前のサムライ達を思って感慨深かった。戸惑いながらも、彼らの知識欲は「燃えるがごとき」もので、福澤らは病院、医学校、市場、軍事博物館、陶器工場、動植物園、内務省電信所等を訪れている。

さて翌一八六三年(文久三年)、幕府は再び遣仏使節として池田筑後守一行を送ることを決めた。これは「横浜再鎖港談判」の使節で、攘夷論が吹き荒れる不穏な情勢を背景として、開国を強行した幕府は「再鎖港」など不可能と知りつつも、朝廷や攘夷派に対しての時間稼ぎのための派遣であった。

正使池田筑後守は二十七歳、血気盛んな攘夷論者だったが、フランスですっかり開国論者になり、帰国後は「姑息なる幕府の夢を覚まそう」という勢いだったが、あえなく狂人扱いされた上、蟄居、気の毒な運命を辿っている。この一行に親子で参加した人物がいた。「定役元締」益田鷹之助（三十七歳）と「通弁御用当分御雇」益田進（十六歳）であった。

この少年益田進こそ後の三井物産初代社長益田孝（鈍翁《どんのう》）であった。三井家からの支援を受け二十九歳で三井物産をスタートさせた益田孝にとって、十六歳の時のフランス行きは強烈な原体験となり、回想録のなかで、マルセーユに到着して重厚な街並みを見たとき「同じ人間でありながら……」と一同が涙したという思い出を語っている。

一八七六年（明治九年）に三井物産を設立した時の益田孝のモチーフは、当時日本の輸出入の九八％を「外商」といわれた外国の貿易商が支配していたのに対し「日本人による貿易チャンネルを作ろう」というものであった。興味深いことに、三井物産は最初の海外支店を上海（一八七七年）に開設しているが、その後パリ（一八七八年）、香港（同）と設け、ニューヨーク、ロンドンを除けば、シンガポール、ボンベイと、益田孝が自らの若き日の体験として寄港した場所にまず拠点を置いているのである。

余談だが、この文久三年の使節の一行は、不思議な足跡をエジプトに残している。一八六四年四月四日、スエズから汽車でカイロに着いた一行は、「三角山と巨大首塚」つまりピラミッドとスフィンクスを見物にでかけ、しかもスフィンクスを背景に二十七人のサムライが写った記念写真を残しているのである。この写真の謎を克明に追ったノンフィクションが、鈴木明の『維新前

福澤諭吉もパリで衝撃を受けた（上）
遣欧使節一行が宿泊したルーブルホテルの
現在の姿（下）

夜――スフィンクスと三四人のサムライ』（小学館、一九八八年）である。
この一行がパリで宿泊したのはグランドホテルであった。オペラ座に隣接するこのホテルは、一行滞在の前年に新設されたばかりで、エレベーターから水洗トイレまで最新の設備を誇るものであった。このホテルは、ほぼ当時のまま現存している。私はこのホテルにも数回滞在してみたが、現在は米国系資本の傘下に入り、雑然とした雰囲気にいささか失望を禁じ得なかった。日本人のツアー客がやたらに多く、朝食のビュッフェに日本食さえ並んでいる様子は、百三十年前のサムライ達には想像もできないことであろう。

西洋に学ばなかったこと

ビクトル・ユーゴーが死んだのは、一八八五年であった。「十八世紀はヴォルテールの世紀、十九世紀はユーゴーの世紀」という言葉がフランスにはあるそうだが、正にユーゴーの死はフランス国民に「第三共和政のシンボルの死」と受け止められ、大群衆に取り囲まれて凱旋門の下に安置された遺体は、長い葬列に送られ「パンテオン」に埋葬された。

このユーゴーの代表作『レ・ミゼラブル』は、一八六二年の作品で、今日もニューヨークやロンドンなどでミュージカルとしてロングランを続けている。このミュージカルを何度も観てきたが、強く印象付けられるのは、欧米人はこのミュージカルを観て「よく泣く」ということである。我々日本人にとっても感動的なのだが、どうもその質が違う。つまり、“Do You Hear the People Sing?”（民衆の歌が聞こえるか）を聞きながら彼らにこみあげてくる思いは、自分達もこの物語のテーマである「民主主義のために闘った人々」の子孫なのだという深い共感のように思える。

『レ・ミゼラブル』は、一八三二年六月のパリ暴動・市街戦を背景としたストーリーなのだが、一七八九年のフランス革命以後、十九世紀を通じてフランス国民が「民主政治の在り方」を巡ってどれほど苦悶してきたか、そのことへの感受性無くしてこの物語への共感はおぼつかないのである。日本にこの物語が紹介されたのは、一九〇二年（明治三十五年）で、黒岩涙香が翻案した形での「万朝報」紙連載小説『噫《ああ》無情』であった。レ・ミゼラブルを「惨めな人々」ではなく「噫《ああ》無情」と訳したことを名訳とする意見もあるが、これによってこの物語が社会性を薄め「ジャン・バルジャンという数奇な男の物語」になってしまったことも否定できない。

フランス革命が、「自由」と「ナポレオン」という相反する双生児を一体として生み出したこと、つまり民主制の中からナポレオン専制が「民主制という赤子の保母」という名目で生み出されたという逆説こそ、十九世紀のフランスの葛藤そのものであった。そして日本からの二つの使節がパリを訪れたころは、一八五一年のナポレオン三世のクーデターを経て一八七〇年の第三共和制まで、「第二帝政」の時代であった。

文久元年の使節から二十世紀の初頭にかけて、多くの日本人がパリを訪れた。ほぼ例外なく彼らは、西洋文明に衝撃を受け、必死に科学技術を吸収し、経済開発へと立ち向かった。しかし、欧米の十八、十九世紀の大きなテーマであった「デモクラシー」については、真剣に学ぶことをしなかった。明治期の「富国強兵」にしても、第二次大戦後の「経済復興・高度成長」にせよ、物質的条件の劣勢にのみ関心が向かい、西洋社会が「全体と個の調和」のために呻吟して到達した思想を熟慮しなかった。

便利な言葉が存在した。「和魂洋才」である。佐久間象山の「東洋道徳、西洋芸術」（芸術は技術の意味）の流れの中で、日本人は西洋技術文明の衝撃に対し「日本人であることの自尊」をかけた抵抗線として、技術は学ぶが精神・思想は譲らないぞという心理を強く働かせた。今日に至るまで、日本人は「民主主義」「個の尊厳と自由」について主体的に考察することをしてこなかった。この本のひとつの問題意識として、「日本が西洋に学ばなかったこと」を見極めていきたいと思う。

ベルサイユ講和会議と西園寺公望

司馬遼太郎は、亡くなる直前、一九一九年のベルサイユ講和会議から二一年のワシントン軍縮会議の辺りに強い関心を払っていた。

文藝春秋に連載していた『この国のかたち』の絶筆「歴史のなかの海軍」も、日本近代史を省察し続けたあの独特の視線で、一九二〇年前後、すなわち大正から昭和にむけての日本の迷走を海軍に視点をあて論究するものであった。

日露戦争に際どい「勝利」を収め、第一次大戦に「漁夫の利」を得る経緯の中に、その後の日本の悲劇の淵源があるという司馬の歴史観は、我々がしっかりと継承すべきものである。

ところで、十九世紀末からベルサイユ講和会議にかけての日本に大きな存在感を残す一人の人物に対し、パリは不思議な舞台を提供した。「最後の元老」といわれた西園寺公望である。

九清華家の一つ徳大寺家の次男として生まれ、同じく清華家の一つ西園寺家へ養子に入り、幕末維新の動乱に青年公卿として関わった西園寺公望は、天皇制を支える華族の重鎮としての制約のなかではあるが、長期のフランス留学体験や中江兆民等との親交を通じた「自由民権運動」との関わりにおいて、かつ開明派・国際派の後ろ盾として、日本近代史に異彩を放っている。

貴種性を重んじ、同時に貴種のなかに進歩性を期待する傾向のある日本人にとって、「公卿でありながら国際派で民主派」という西園寺は、「何となく安心して変革を期待できる」存在であった。

それは後の昭和期日本政治の混迷の当事者たる近衛文麿の存在感にも通じるものであり、さらには、平成日本の政治低迷をもたらした徒花《あだばな》ともいうべき「細川護熙と日本新党」にも流れ着く源流ともいえる存在、それが西園寺公望であった。

西園寺のフランス留学体験

西園寺公望は、維新戦争の硝煙も収まらない明治四年（一八七一年）から約十年間、パリに留学した。明治元年から七年までの海外留学者五百四十六名中フランスへの留学者が五十二名というから、けっしてフランス留学組が多いとはいえぬが、新時代を迎え、青年として燃えるような向学心と西洋に対する熱い好奇心があったことは想像に難くない。西園寺は一八四九年生まれであるから、留学は二十一歳の時であり、彼は多感な二十歳代のほとんどをフランスで過ごすことになる。

一八七〇年の十二月に日本を出発した西園寺は、太平洋を渡りサンフランシスコに上陸、大陸を横断後、ワシントンでは、時の大統領グラントとも面談している。パリに着いたのは、一八七一年の三月二十七日であった。この年はパリ・コミューンの年であった。普仏戦争はプロイセンの勝利に終わり、ナポレオン三世は退位、この年の一月には、勝ち誇ったプロイセンの王ウィルヘルムは、念願の統一「ドイツ帝国」成立の宣言を、あえて敗戦国フランスのベルサイユ宮殿の鏡の間で強行、皇帝に即位した。歴史の皮肉というか、ここに半世紀後のベルサイユ講和会議の種が埋め込まれる。

西園寺がまずパリで見たものは、敗戦後の混乱と第三共和制を巡る騒乱であった。西園寺の理解と認識では、パリ・コミューンは、あくまで「浮浪の輩」が起こした騒擾であり、「政府」対「賊」の戦いであった。しかし、第三共和制下のフランスの「政治的自由主義」の息吹を吸い込むうちに、西園寺は次第に民主主義・共和主義の理解者になっていった。ルソーの『社会契約論』の翻訳で有名な中江兆民も、一八七二年から二年三カ月フランス留学をし、西園寺と親交を深めている。西園寺が日本への帰国後、「東洋自由新聞」の社長などを引き受けたのも、フランス留学の余震というべきものであった。

立命館大学編の研究書『西園寺公望傳』全四巻の詳細な検証によれば、西園寺は確かにソルボンヌ大学の法律科に、一八七四年末から学籍を残している。法学士ではないようだが、それに準ずる資格も取得している。特筆すべきは、大学入学前に通っていた私塾「アコラス」においてクレマンソーと親しくなっていることである。ジョルジュ・クレマンソーは、急進共和主義者としてフランス近代史に名を残し、一九〇六年に首相に就任、第一次大戦中の一九一七年に再び首相となり、徹底抗戦派として戦争を指導、ベルサイユ講和会議では議長を務めることになる人物である。西園寺帰国後も西園寺とクレマンソーは何回も書簡を交換している。

昭和外交史を彩る大陣容

巡り合わせというべきか、フランスから帰国して約四十年、西園寺は第一次大戦後のベルサイユ講和会議の首席全権大使として、日本を代表する形で再びパリを訪れ、クレマンソーと再会する。

ベルサイユ講和会議は、日本が大国の一員として国際会議に参加した初体験ともいうべき舞台だった。世界の五大国の一角を占めて国際会議に参画することは、日本人の自尊心を大いに擽《くすぐ》るもので、当時流行った言葉は「一等国」であった。その頃、日本は一九〇二年以来の日英同盟という二国間同盟を外交の基軸としていたが、「自分も一角のもの」として「多国間外交」に転じる端緒がこの講和会議であった。

パリに戦勝二十七カ国の首脳が集まり、敗戦国ドイツへの戦争責任の追及と新しい世界の領土地図の画定、国際連盟創設など第一次大戦後の新国際秩序の枠組みを決定したのがベルサイユ会議であった。歴史の潮流が大きなうねりとなって動き始めていた。第一次大戦の四年にわたる戦禍を経て、欧州に君臨してきた四つの帝国が消滅した。一八七一年にベルサイユ宮殿で建国を宣言したドイツ帝国だけでなく、帝政ロシア、オーストリア・ハンガリー帝国（ハプスブルク帝国）、オスマン・トルコが、いずれも革命や民族運動などによって内部崩壊した。また、米大統領ウッドロー・ウィルソンが「平和のための十四カ条」で提案した「あらゆる国々の領土の保全と政治的独立を保障するための特別な規約をもった一般的な国家共同体」、すなわち「国際連盟」

の設立が、新しい国際秩序形成にむけてのテーマとして浮上していた。

ベルサイユ講和会議には三人の主役がいた。議長を務めたフランスの老雄クレマンソー七十八歳。百戦錬磨の共和主義者は、ドイツへの激しい憎悪と威厳がほとばしり「タイガー」とよばれた。ついで米国大統領ウィルソン。プリンストン大学学長から大統領になったインテリで、「国際連盟」構想を携えて参加、その理詰めで鋭い舌鋒は「ドラゴン」という渾名《あだな》にふさわしいものであった。そして英国の首相ロイド・ジョージ。自由党急進派の闘士で、戦争遂行のための挙国一致内閣で保守党・労働党と連立、首相として陣頭指揮をとり英国を勝利に導いた。その指導力としたたかさは「ライオン」と呼ばれた。

処女体験の晴舞台に、日本も空前の規模の代表団を送り込んだ。正規の代表団員が六十四人、それに医師、運転手、タイピスト、日本料理の板前などを加えて総勢百六人であった。首席全権の西園寺を筆頭に、次席全権が牧野伸顕。随員のリストを見ると、後の昭和外交史を彩るオールスターともいうべき陣容に驚かされる。実質的に日本代表団の交渉当事者となった牧野は、文部、農商務、外務などの大臣を歴任した貴族院議員で、維新の元勲たる大久保利通の次男であった。随員には、近衛文麿（西園寺首席全権秘書）、松岡洋右一等書記官（報道係主任）、有田八郎事務官（庶務係主任）、野村吉三郎海軍大佐（海軍代表）、重光葵事務官、吉田茂二等書記官（牧野次席全権補佐、ちなみに吉田は牧野の娘婿）、芦田均三等書記官（パリ大使館勤務）などが名を連ねている。

日本の全権団が事務所や宿舎としたのは、バンドーム広場の一角にあったホテル・ブリストルであった。この広場の中心には、ナポレオンがオーストリアとの戦いの戦利品である大砲を鋳潰してつくった青銅色の尖塔がそびえ、その上にナポレオン像が立っている。今日でもこの広場はパリで最も格式のある場所の一つで、かのダイアナ妃が最後の晩餐をとったリッツ・ホテルもこの広場にある。ホテル・ブリストルは今はなく、ホテルがあったコーナーには日本の三和銀行が事務所を持っている。(注、ホテル・ブリストルは一九二五年にバンドーム広場から五ブロック移転した形で現存。三和銀行のあった場所は、現在、再びホテルとなっている)

ところで、講和会議における西園寺の役割は微妙なものであった。西園寺がパリに到着したのは、一九一九年の三月二日であり、講和会議は同年の一月十八日の首脳会議で始まっており、一月半も遅れての参加であった。ほとんどの重要な会議においては、次席全権の牧野が日本を代表して参加していたが、それでも五大国首脳会議などには、西園寺が参加した。記録によれば、西園寺はそれらの場で、「ただの一言も発言せず」無言のまま押し黙っていたという。あまりに恐い顔で睨《にら》んでいたせいか、新聞記者がつけた渾名が「スフィンクス」であったという。

日本が誤まった瞬間

結局、ベルサイユ講和会議を精査して痛感するのは、日本は広く世界の大勢に眼を開くことなく、自分の権益だけしか理解できない存在だったという悲しい現実である。ベルサイユ講和会議に臨んだ日本の基本姿勢は、日本政府からの訓令に象徴されていた。それは「帝国の直接利害関係を有せざるものについては、特に必要なき限りこれに容喙《ようかい》せず、大勢に順応して可なり」というものであった。ここでいう「直接利害関係を有」するものとは、ドイツの山東利権を引き継ぐということであった。

日本は、第一次大戦勃発直後の一九一四年八月、「東シナ海を航行する英国商船の安全を守る」という英国の要請を受け、日英同盟を理由にドイツに宣戦布告、英国の要請をはるかに超える軍事行動を起こし、二カ月のうちに南洋のドイツ支配下の諸島を占領、中国山東半島の青島《チンタオ》要塞を攻略してドイツ租借地を支配下に置いた。さらに、翌一九一五年には欧州列強の関心が欧州に集中している間隙を衝いて、中国に対する「二十一カ条要求」を突きつけ、山東省でのドイツ権益の継承を含む要求を中国に認めさせた。ところが、中国は一九一七年八月になってドイツに宣戦布告、講和会議に戦勝国として参加する権利を得たのみならず、「対独宣戦布告によって、過去のドイツと締結した条約はすべて無効であり、日本の山東利権も消滅」と主張しはじめた。中国の主張を最も強く支持したのが米国のウィルソンであり、英国とフランスは大戦中に日本の協力を得る見返りとして「戦後の講和会議で日本の山東利権を支持する」という秘密協定にコミットしていたこともあって微妙な姿勢をとっていた。

本音に山東利権を置きながら、日本は奇妙な変化球を投げる。ウィルソンが主唱する国際連盟の規約に「人種差別撤廃条項」を盛り込むという提案である。もともとは、カリフォルニアにおける日本人移民に対する差別的規制を牽制する意図から出た提案であったが、国際連盟についての理解が「白人支配確立のための政治的道具」「将来の主権侵害の火種」程度のものであった日本は、「国際連盟不加入」をちらつかせながら「人種差別撤廃」を提起したのである。結果として、この戦術が、「国際連盟を白人だけの形骸化された組織にしたくない」というウィルソンの妥協をひきだし、日本は山東利権を得る。この瞬間、日本の「領土的野心」に対する米国の猜疑心を高め、中国の失望と反日感情を決定的なものとした。「日本排斥」の原点となった「五・四運動」もパリでの山東問題を背景として始まった。一九一九年六月二十八日、ベルサイユ講和会議調印の日、議長クレマンソーは「ここに平和は達成された」と宣言したが、中国は調印しなかった。

大正デモクラシーの理論的指導者だった東京帝国大学教授吉野作造は、ベルサイユ講和会議について「五大強国協議の際、西園寺侯が一言も発しなかったというのは、あながち臆したわけではなく、むしろ何を言ってよいか判らなかったのである……時代思潮に対する無理解が、人種差別撤廃問題にも山東問題にもことごとく裏付けられていて、……我国は事ごとに世界思潮の主潮から放り出される屈辱と孤立的不利とに終わった」(報知新聞、1919・8・21)と評した。代表団に参加した人達も、世界の情勢についてのあまりの無研究、無知識に深い焦燥と反省を味わったようで、近衛文麿も「平常の調査足らず、予備知識なきの結果、たちまち措置に迷うて周章狼狽」(『戦後欧米見聞録』)と書き留めている。

ベルサイユの日章旗は、来るべき日本の進路に重大な課題を残して翻った。そして、その後の日本の歴史における災禍が、そのことの結果を明示している。今日、再び「多国間外交」が時代のテーマとなりつつあるが、多国間外交を支える理念と世界情勢を解析する情報インフラに欠けるという意味で、ベルサイユの教訓は未だに活かされていないのではないか。

明治の先人達の情報通信センス

明治の先人達が見せた情報通信への鋭い感度には、ただただ敬服させられる。函館五稜郭の戦いが終わったのが一八六九年（明治二年）であったから、幕末維新の動乱の硝煙も収まらぬその翌年の一八七〇年に、早くも日本はウラジオストック＝長崎間と長崎＝上海間の二つの海底ケーブルの敷設を許可する決断をし、翌一八七一年には完成、欧州と日本を結ぶ電信を可能にしている。デンマークの大北電信会社（グレート・ノーザン電信）が、コペンハーゲンを基点に、バルト海、ラトビア、モスクワ、イルクーツク、ウラジオストックを経由して敷設したものである。大北電信会社の敷設申請に対し、「日本の逓信の父」といわれる寺島宗則などが、国益を熟慮した敬服すべき先見性を持って交渉に当たったことが記録に残っている（『国際電気通信発達略史』ＫＤＤ　一九八一）。

英国系の南回り、ロンドン、パリ、ローマ、マルタ、アレキサンドリア、アデン、マドラス、ペナン、シンガポール、サイゴン、香港までの電信回線は、一八七一年には開通していたが、これも同年に長崎＝上海ケーブルに連結し、日本は北回りと南回りの二本の欧州との電信回線を、明治十年以前に確保している。日露戦争までに、日本と欧州間の電信は、八〜十二時間で届いたという。

国内より先んじた国際電信

ところで、海底電線敷設について、デンマーク政府特使J・シックと交渉にあたった寺島宗則は、当時外務大輔の地位にあったが、諸外国の事例をよく研究しており、大北電信会社への免許に関し、例えば「免許の期限を三十年と区切ったこと」「デンマークの独占を排除したこと」「長崎から横浜への内陸敷設を認めず、日本自前での内陸ルートを確保したこと」など、大局を誤らない交渉力をみせた。

寺島の旧名は松木弘安、薩摩藩出身の医師で、一八六二年（文久二年）に幕府遣欧使節竹内下野守一行の一員としてパリを訪れている。語学力を買われて福澤諭吉とともに「翻訳方御雇」としての同行であった。パリでの行動記録の中に、電信所を見学したとあり、この時の体験が「電信」の重要性を認識する契機になったものと想像される。

寺島宗則は、パリから帰った翌年の一八六三年の薩英戦争で英艦の捕虜になったり、一八六五年には英国に密航し、英外相クラレンドンに「天皇による日本の統一国家形成」の提案書を提出したり、波乱万丈の経験を経て、明治新政府では海外に開かれた目を重視され、神奈川県知事、外務大輔となり、とくに国営電信の立ち上げ一切を委託された。後に英国特命全権公使、外務卿、文部卿、駐米公使、元老院議長などを歴任して伯爵になっており、日本の近代化に大きな役割を果たしている。寺島の人柄は「深沈寡黙、博覧強記」といった評価が残っており、胆略の目立つ

「日本の通信の父」寺島宗則

三井物産の創業者・益田孝

明治維新の指導者の中では珍しく真摯な学究肌で、燻《いぶ》し銀のような参謀役だったといえる。

さて、電信線の日本国内の内陸敷設については、むしろ意外なほど手間取り、一八七〇年（明治三年）に東京＝横浜間で最初の電信取り扱いが開始されたが、東京＝神戸間が開通したのは、一八七二年（明治五年）十月であり、長崎までの電信線が完成したのは一八七三年二月であった。欧州から長崎までのケーブルのほうが先に完成していたのだから皮肉な話である。

建設技術の稚拙さもあるが、科学知識の乏しい民衆の妨害行為も悩みの種となった。記録によれば、電報に限らず手紙でも何でも現物を電線に釣り下げれば一瞬のうちに目的地に送り届けられると信じる者も多く、また電信はキリシタンバテレンの魔法であり、電信線には処女の生き血が塗ってあるなどという俗説が広まり、中国地方の生娘達があわてて眉を剃り落としオハグロをつけて人妻らしくみせかけたなどという話まで残っている。正に黎明期の泣き笑いであった。

信じがたいほどの苦闘の中にあって、わが先達たちは「この国の将来が情報インフラの整備にかかっている」という信念を変えなかった。なお、国内の電信線が開通するまでは、飛脚が電報を運んだようで、横浜から長崎まで七〜九日を要したという。

太平洋横断の海底電信ケーブル敷設については、米国のアジア本格進出が南北戦争に手間取り遅れたため、一八九八年の米西戦争後に米国がフィリピンを領有した後となった。つまり、一九〇三年にサンフランシスコ、ハワイ、グアム、マニラ線が完成している。したがって、日露戦争後のポーツマス条約の交渉時には、東京とポーツマスの小村寿太郎全権の間の電信が約六時間で届いたという。我々の固定観念からすれば、小村寿太郎はポーツマスの地で、国家を背負った孤独な交渉に立ち向かったというイメージがあるが、その頃には既にグローバルな電信線が地球を取り巻き、交渉を支えるインフラになっていたことを思うと感慨深いものがある。

ところで、稲葉千晴の論考「日露戦争と国際通信」(戦略研究情報95・12号)によれば、日露戦争当時、ロシアの秘密警察(オフラーナ)がパリの日本公使館の電報を「有線通信の傍受」という形でほとんど入手していたことが、ソ連崩壊後の情報公開で明らかになってきたという。ユーラシア大陸を跨《また》ぐ長距離有線通信に伴うリスクであり、国際通信を巡る諜報戦はこの頃から繰り広げられてきたのである。

また、無線電信についても、明治の日本人は卓抜な対応を示している。無線電信がマルコーニによって発明されたのは一八九五年であった。その翌年、一八九六年(明治二十九年)には、早くも逓信省は無線通信の研究に着手している。マルコーニの世界最初の無線電送実験が行われたのは一八九八年、エッフェル塔とパンテオンの間、四キロメートルであったという。同年には、英仏間の通信に成功。一九〇〇年のパリ万博の技術的目玉が、この無線電信であった。

一九〇〇年パリ万博に、当時ロンドン駐在武官だった秋山真之等の海軍軍人が訪れたことは既に述べた。秋山も無線電信という新しい情報通信技術に注目、海軍への導入を促している。そのわずか四年後、日露戦争の時には、日本海軍は既に主力艦から駆逐艦にまで無線電信を装備しており、「将校三十七名、下士官百五十名が無線電信のために配置されていた」という。司馬遼太郎は、「日露戦争の海軍の勝利は通信の勝利という説さえある」と述べている。

「ＭＢＫコード」の狙いとは

民間企業、つまりビジネスにとっても情報通信への戦略的対応は浮沈に関わる課題であった。文久三年の幕府使節の一員として十六歳でパリを訪れた益田孝は、一八七六年（明治九年）に二十九歳で三井物産を興したが、同じ年に三井物産の社内報として中外物価新報をスタート、国内外の産品の価格動向を的確に掌握するメディアの育成を目指した。この新聞が明治十五年に独立し、その後社名を変更したのが今日の日本経済新聞である。卓抜な情報感度を持っていたわけである。

戦前の三井物産は、一私企業というよりも、日本の近代化を担う国際物流チャンネルとしての国策商社という性格を持っていた。森恪、山本条太郎、池田成彬《しげあき》、石田礼助等の国家的人物を輩出してきたのも、貿易を通じて日本を国際社会に繋ぐという三井物産の歴史的役割を反映するものであった。

創業当初から三井物産が力を入れたのが、電信略号の制定と暗号帳の作成であった。所謂「ＭＢＫ（三井物産）コード」である。一つの狙いは、電信のコストが極めて高く、その節約の必要から、幾つかの文字の組み合わせで意思が伝わるように工夫したものであった。もちろん秘密保持という目的もあった。最初は「電信秘語」と名付けた手帳型のもので、語数は約千六百、片仮名二字ないし三字を組み合わせた簡便なものであった。

大北電信会社のロンドン局の開業広告によれば、ロンドンから長崎までの電報は、二十語以内で四ポンド六シリング、二十語を超えるものについては超過十語毎に二分の一を加算というから、二十語の電報を打つだけで今日の価額にして三十万円以上の費用がかかったと推定される。いかに字数を少なくし節約する必要があったかは想像に難くない。

新たな情報通信革命の時代

私が三井物産に入社したのは一九七三年で、内外の通信は専用テレックス回線を使う時代になっていたが、それでも諸先輩からMBKコードの話をよく聞かされたし、各部に一冊は分厚い革表紙の「MBKコード第八版」があり、千三百頁にもなるその膨大かつ精緻な体系に驚かされたものである。例えば、EDCAGという記号だけで“Import certificate will be airmailed as soon as possible”という意味が伝わるわけで、若手社員はこのコードブックによって英文電信の書き方を学んだ。

一九六〇年代までは、三井物産には電信当番があって、入社後五年くらいまでは、午後九時まで交代で電信課に詰めて、出電原稿をコード化し、来電を解読したという。先輩の中にはMBKコードの生き字引のような伝説の人がいて、習熟した知識でコードを操り、後輩の尊敬を集めていた。つまり、それほどまでに情報通信はビジネスの基盤条件であり、そのために多くの人が苦闘してきたのである。

興味深いエピソードが残っている。第二次大戦の終局において、連合軍がパリに進駐したとき、三井の邦人社員がすべてドイツに引き揚げた後、パリ支店を守っていたフランス人職員が、連合軍情報将校のMBKコード引き渡し要求の前に、コードを焼却してコード内容を守り抜いたというのである。三井にとってMBKコードは宝物というべき知的資産であった。

しかしながら、今日、日本語Eメールが世界を飛び交い、FAXや国際電話が簡単な通信手段となるにつれ、言葉を凝縮して的確に意思疎通しようとする努力は極端に少なくなった。冗長な言葉・文章がだらだらと飛び交い、それでもよいという風潮になってしまった。MBKコードは化石のような代物となり、「商社マン」の先輩達が、情報伝達に血の滲むような努力をしたことは忘却の彼方へと消えてしまった。

二十世紀末を迎える今、我々は前世紀の後半にも比すべき情報通信革命に直面しているといえる。インターネットに象徴されるサイバー・ネットワークが、社会の在り方を本質的に変えようとしている。軍事から商取引に至るあらゆる分野で、情報技術革命が重大なインパクトを与えるであろう。とくに、米国の情報通信分野でのソフトウェアおよびシステム支配力が際立ってきており、日本として、さらには企業としていかなる戦略的対応をするのかを迫られている。かかる時代だからこそ、先人の足跡を振り返るのも意味のあることであろう。

第二章　一九〇〇年　ロンドン

二十世紀を持ち帰った夏目漱石

ここから「一九〇〇年への旅」の舞台をロンドンに移したい。

一九〇〇年、つまり十九世紀末の英国は、産業革命に先行した成果を背景に、「七つの海に太陽の沈むことのない」と表現されるほど世界中に植民地を広げ、「大英帝国の時代」の爛熟期にあった。その晩鐘ともいうべき鐘の音が響き渡ったのが、一九〇一年一月二十二日のビクトリア女王の死であった。そして、二月二日、ビクトリア女王の葬列が進むのを、群集に混じって見つめた一人の日本人、それがロンドン留学中の夏目漱石であった。

漱石は下宿先の主人ブレットに肩車をしてもらってハイドパークを行く葬列を見たという。彼が黒い手袋を買った店の店員が「新しいセンチュリーがこんな悲しい事件で始まるなんて」とつぶやいたと漱石は記す。一八三七年から在位実に六十四年、大英帝国繁栄の象徴であり、「国母」

として英国民に慕われたビクトリア女王の死は、二十世紀が扉を開けて最初に出くわした「世界史的転換」を告げる出来事であった。

「ビクトリア時代」という言葉があるごとく、一八五〇年代から七〇年代が英国産業の空前の繁栄期であり、地主貴族に代わり新興ブルジョアジーが台頭した。ビクトリア女王は「中産階級の思想と感情を代表」して、「君臨すれども統治せず」という新しい立憲君主制を定着させるという役割を果たした。

またビクトリア朝絵画の収蔵で有名なロンドンのテート美術館(国立美術館の別館として一八九七年開設)を訪ねるならば、ターナーの諸作品のほかJ・E・ミレーの「オフィーリア」など、いかにこの時代の芸術・文化が華麗に花開いたのかを窺い知ることができる。

漱石が文部省の留学生として、一九〇〇年の九月に横浜を発ち、ナポリで欧州に上陸、パリに一週間滞在して万国博を見物、エッフェル塔にも登り、「パリの繁華と堕落は驚くべきものなり」との言葉を残して留学先のロンドンに向かったことは既に述べた。ロンドンのビクトリア駅到着は、一九〇〇年十月二十八日であった。この日から一九〇二年の十二月五日に日本郵船の博多丸でロンドンを去るまで、約二年間の漱石のロンドン生活が始まった。正に十九世紀が終わり二十世紀を迎える、その瞬間のロンドンに立ち会ったのである。

もっとも、漱石の時代の大部分の日本人にとって、「世紀」(century)という概念は理解の外であった。「明治何年」というのが当時の一般庶民の認識であり、西暦、しかもそれを百年単位で区切り「世紀」と呼ぶことに、特別の意味を感じる人などほとんどいなかった。その意味で、夏目漱石が、ロンドン体験を踏まえた作品と発言を通じ、「二十世紀を持ち帰った」とされるのはあながち誇張ではない。

ロンドン時代の漱石の実像

「ザ・チェース八十一番」、ここが漱石のロンドンでの五番目の下宿先であり、一九〇一年の七月から一年五カ月の間、最も長い間落ち着いて滞在した場所である。ロンドンの中心部からは、チェルシー・ブリッジでテームズ川を渡り南西へ車で二十分以上かかる地にあり、改めてこの場所を訪ねてみて、ロンドンとは思えないほどの静かな中流住宅地であることに驚かされた。今でこそ地下鉄が入り、クラパム・コモンの駅から歩ける地の利だが、漱石の頃の交通事情を考えるならば、ロンドンの市街地にでるのも一仕事であったと思われる。ロンドン留学後半の漱石が、自ら「余は下宿に立て籠もりたり」と述べているごとく、ほとんど自閉症のようになって下宿に籠もり、交際を絶って読書の日々を続けていたというのも肯《うなず》けるような場所である。

この下宿は、ミス・リールが家主でリール姉妹と退役陸軍大佐が同居人であった。ここから漱石は、ロンドン到着以来通い始めたクレーグ先生（シェークスピア研究者）の個人教授を受けるために、大英博物館近くのベーカー街にまで約二カ月通うが、それも止めてしまい、帰国までの一年は正に「神経衰弱」ぎりぎりのところまで追い込まれながら、本に埋没し考えぬいた。

この過程を精緻に分析した作品が、江藤淳の『漱石とその時代』（新潮選書）の第二部であり、そこには「都市化と産業化の波に洗われつつあるロンドン」という大都市に投げ込まれて錯乱した一人の孤独な留学生夏目金之助から、夏目漱石という作家が誕生するまでの変身の過程が描かれている。

ところで不思議なことに、現在この漱石の下宿跡のちょうど向かいの家の二階に「漱石記念館」という私設のミニ博物館ができていて、日本における漱石愛好者の層の厚さを思い知らされた。この種のものを私的に維持するのは大変なのだろうが、お金をとって公開している割にはとくに見るべき史料もなく、雑然とした史料の中で管理者らしき人が日本から来た文学好きの女子大生グループとだらだらと雑談しているのが印象に残った。

ロンドン時代の漱石については、様々な専門家によって詳細な研究がなされており、例えば、出口保夫の『ロンドンの夏目漱石』(河出書房新社、一九八二)『漱石のロンドン風景』(研究社出版、一九八五)など、驚嘆すべき情熱で漱石の足跡を追ったことが伝わってくる。

「内発的でない日本の開化」

後に漱石はロンドン時代について「不愉快の二年なり。余は英国紳士の間にあつて狼群に伍する一匹のむく犬の如く、あはれなる生活を営みたり」(『文学論』序)と振り返っているが、「夏目狂セリ」という情報が東京に届けられたほど精神的に追い込まれていた。経済的貧しさ、特に本を買うために極度に切り詰めた生活を続ける侘《わび》しさ、そして異国の地での孤独やカルチャー・ギャップなど個人的な要因もあったであろう。

だが、彼の日記や書簡を精読するならば、明治の青年・漱石が真面目に考え込み、抱え込んだテーマの大きさを感じないわけにはいかない。それは欧州の物質文明に圧倒され、「近代化」と

夏目漱石は「二十世紀」を日本に
持ち帰った

漱石の下宿先の前に立つ著者

いう道に馬車馬のごとく駆り立てられている日本の進路についての懸念であり、覚めた見通しであった。

漱石は、明治四十四年（一九一一年）に和歌山で「現代日本の開化」と題して講演したが、この講演に彼の人生を賭けた問題意識は凝縮しているように思われる。彼は「西洋の開化は内発的であって、日本の現代の開化は外発的である」という。つまり「子供が背《せな》に負われて大人と一所に歩く」ような「皮相上滑りの開化」だというのである。しかしそれを止めるわけにもいかない。「西洋人と交際をする以上、日本本位ではどうしても旨《うま》く行きません。交際しなくとも宜いといえばそれまでであるが、情けないかな交際しなければ居られないのが日本の現状でありましょう」と漱石はのべる。つまり、「日本の開化」の薄っぺらさを見抜きながらも簡単にそこから離脱できない現実認識がそこにある。

漱石は楽観しない。「どうすることも出来ない、実に困ったと嘆息するだけ」と真情を吐露し、「西洋で百年かかって漸く今日に発展した開化を日本人が十年に年期をつづめて、しかも空虚の譏《そしり》を免かれるように、誰が見ても内発的であると認めるような推移をやろうとすればこれまた由々しき結果に陥る」と語る。「名案も何もない」という漱石の結論は「ただ出来るだけ神経衰弱にかからない程度において、内発的に変化していくがよかろう」ということである。

一見陳腐な結論のようにみえるが、次の言葉に漱石の思索と苦悩の深さを感じとることができる。「……こういう開化の影響を受ける国民はどこかに空虚の感がなければなりません。またどこかに不満と不安の念を懐かなければなりません」。つまり、彼はことの本質が分っていてそれを受容するのと、軽薄に開化の時流に乗って行くことの違いにこだわっていたといえる。「外国人に対して乃公《おれ》の国には富士山があるというような馬鹿は今日は余りいわないようだが、戦争以後一等国になったんだという高慢な声は随所に聞くようである」とのべる漱石は、日露戦争後、上滑りの開化にたいする問題意識を見失い「虚ろな自己過信」に陥っていく日本への危機感を強めていった。

漱石が亡くなったのが一九一六年であったから、漱石は二十世紀の初頭の十五年だけを生きたことになる。しかし、漱石は二十世紀の日本の運命を確実に睨んでいたように思う。『三四郎』の広田先生に漱石は言わせている。広田先生が日本への厳しい警句を語るのに対し、田舎出の青年三四郎は「しかしこれからは日本も段々発展するでしょう」とつぶやく。広田先生は「亡びるね」の一言で答える。漱石は日本の「近代化」の浅薄・低劣・俗悪・不正直を静かに見抜いていたのである。

漱石がロンドン留学中の一九〇二年一月三十日、日本と英国の同盟がスタートする。一九二一年のワシントン軍縮会議で解消するまで、二十年間の日英同盟が続き、この英国との同盟外交を基軸として日本は日露戦争を勝ち抜き、国際社会で台頭する。日英同盟が発表されると、日本では朝野を挙げて祝賀ムードが高まり、その興奮はロンドンの在留邦人の世界にも伝わる。これに対し漱石は「斯《かく》の如き事に騒ぎ候は、恰も貧人が富家と縁組を取結びたる喜しさの余り、鐘太鼓を叩きて村中かけ廻る様なものにも候はん」と冷ややかであった。

「内発的でない日本の開化の限界」という認識は、「グローバル・スタンダード」の攻勢に受け身の対応を迫られている今日の日本にもそのまま当てはまるものであろう。漱石の存在感は決して新鮮さを失っていない。

ダイアナ現象とは何だったか

一九九七年九月六日、私は出張先のロンドンでダイアナ妃の葬列が行くのをみつめた。バッキンガム宮殿からセント・ジェームズパークのなかへと続く道のアドミラルティー・アーチの近くであった。ダイアナ妃の若すぎる悲劇的な死のせいか、沿道の群集は異様な盛り上がりを見せていた。私は百年前の漱石を思いながら群集の表情を見ていた。

私には、英国民のダイアナへの共感の質が興味深かった。それは敬愛してやまない人の死を悲しむものでもなく、もちろん英王室の不幸への共感でもなかった。極論すれば、誰もダイアナを尊敬してはいなかった。一人の人間としては、思慮に欠け、忍耐に欠け、寂しさに弱く、異性にだらしなく、そして自己愛シンドロームともいえるほど自らの責任を問い詰めることのない人だった。そうしたダイアナを民衆はメディアを通じ興味本位に追いつめた。きわどい写真を撮ろうと付き纏うパパラッチの責任を問う人もいるが、その記事の愛読者は民衆自身であった。そうした民衆にとって、人間としてのあまりの弱さを露呈してきたダイアナは、実は現代を生きる民衆自身の姿の投影でもあった。つまりダイアナへの民衆の共感は、忍耐も思慮もない自分自身の姿への「癒《いや》し」のようなものであったように思う。

メディアの発達によって、英王室も衆人環視のような状況に置かれている。王室内のスキャンダルをはじめあらゆるネガティブな情報が、瞬く間に大衆の前に晒《さら》されてしまう。気の毒ともいえるほど、権威を保つことが困難な時代といえる。「ダイアナ現象」とまでいわれた世論のダイアナ妃への思い入れも、英王室を取り巻く今日的状況を象徴するような出来事なのである。

歴史は本当に皮肉に満ちている。離婚した皇太子妃の寂しい心をとらえたのが、大英帝国のかつての植民地エジプト出身の富豪の放蕩息子で、仕事らしい仕事もしていないイスラム教徒だというのである。しかも、彼の父親であるエジプト人が、武器取引等で蓄財し、「世界で最も権威ある百貨店」といわれる名門ハロッズの所有者になっている事実を、英国民は改めて思い知らされた訳である。

おそらく、ダイアナ妃の死は「二十世紀末の謎」として歴史に残るであろう。確たる証拠もなく「ダイアナ妃は殺された」という議論に肩入れすることは慎みたい。しかし、英国民をはじめダイアナ妃に多少とも関心を持っていた人々は、ダイアナ妃がギリギリの危険水域にまで踏み込んでいることを直感していたに違いない。それは、ビクトリア女王が確立した立憲君主制、つまり「大衆民主主義の中での開かれた王室」の権威を根底から崩しかねない危うさにダイアナ妃は思慮分別もなく突撃していたということである。

最後のとどめは「ダイアナの妊娠説」だった。英国民は、「未来の英国王のきょうだいになるモスレム」というイメージに当惑していた。そしてダイアナの危うさと破滅を予感し、その予感が現実のものとなった時、先述のごとき自分自身への「癒し」を感じるとともに、安堵と複雑な贖罪意識がふくらんだ。それゆえに、可能な限りダイアナの葬列を盛り上げて送る必要があったのである。

大英帝国の最後の幕引き

思えば、一九九七年という年は、英国にとって「大英帝国の最後の幕引き」ともいうべき歴史的な年となった。七月一日、ついに香港返還が行われたのだ。アヘン戦争後の一八四二年に南京条約で香港を割譲させられてから百五十五年、一八九八年の英清九龍租借条約から百年、中国はついに香港を取り戻したのである。英国も植民地経営としては史上例のないほど香港を繁栄させ、紛争や混乱もなく見事に返還を実行した。これはやはり特筆すべきことだ。

一九〇一年三月十五日、ロンドンにおける日記で、夏目漱石は次のように書いている。

「日本人を観て支那人といはれると厭がるは如何、支那人は日本人よりも遥かに名誉ある国民なり、ただ不幸にして目下不振の有様に沈淪《ちんりん》せるなり。心ある人は日本人と呼ばるるよりも支那人といはるるを名誉とすべきなり。仮令《たとい》然らざるにもせよ日本は今までどれほど支那の厄介になりしか、少しは考へて見るがよからう。西洋人はややともすると御世辞に支那人は嫌だが日本人は好だといふ。これを聞き嬉しがるは世話になつた隣の悪口を面白いと思つて自分方が景気がよいといふ御世辞を有難がる軽薄な根性なり」

この記述は、日清戦争から日露戦争に向かう谷間の時期に書かれたのである。漱石の視座が、いかに冷静で的確なものであったか、ということとともに、歴史はたとえ時間はかかっても確実に筋道を通していくことを思わずにはおれない。

英国の歴史学者Ａ・トインビーは、「歴史の教訓」という講演（一九五六年十一月、大阪）において、英国が歴史の過程での学習効果によって「節度を重んじる穏健な態度」(considerate sense of moderation) を身につけ、植民地に対し順次「自治」を与えることによって大英連邦を持ちこたえてきたことに触れ、「全人類が歴史から学びとった一つのはっきりした教訓は、一人の人間が他の人間を奴隷にし、それを商品や財産であるかのように所有することがいいことではないということである」と述べている。

十八世紀末の米国の独立を巡る大きな犠牲をはじめ様々な苦い体験を経て、英国は次第に巧みな調整力、漸進的改革力を身につけていくのだが、一九〇〇年の時点では、依然として植民地主義の旗を世界中に翻していたのである。英国にとって、一九〇〇年の中国は「義和団事件」のただ中にあり、後進国中国の蛮性しか目に入っていなかった。南アフリカで理不尽なボーア戦争に突っ込んでいったのも、この一九〇〇年の直前であった。

歴史は峻厳なまでに総括と折り合いを求めてくる。日本は二十世紀をどう総括し、次の進路に生かすのか。そうした思いで始めたこの一九〇〇年への旅はまだ緒についたばかりである。

マルクスに悩み続けた二十世紀

戦後日本のインテリ層の心象風景を描写する言葉に「丸山真男とマルクスの結婚」という表現があった。行動する市民主義を促した丸山の「『である』ことと『する』こと」（岩波新書『日本の思想』所収、一九六一年）は、戦後最大の国民的政治運動となった「六〇年安保」への市民参加の理論的誘発剤となり、マルクスを淵源とする「社会主義」は、資本主義に代替する体制選択肢として、「革新」を志向する多くのインテリ層の心を深く捉えていた。つまり、丸山とマルクスを渾然一体とした精神文化が、戦後という時代の思潮であったともいえるのである。

思えば、一九一七年のロシア革命から七十年余、一九九一年のソ連邦の崩壊まで、社会主義の忍び寄る影は、西側世界にとって潜在脅威であり、同時にひょっとしたら自分達の社会が抱える課題に解答を与えるかもしれぬ希望でもあった。

ある意味では、二十世紀は「社会主義」に悩み抜いてきたともいえる。特に、欧州は東からソ連・東欧という社会主義圏の圧力を受け、それぞれの国に社会主義・共産主義勢力の攻勢を内包しつつ二十世紀を駆け抜けてきたわけで、この点がアメリカとは決定的に異なる。アメリカは、骨の髄まで二十世紀資本主義の総本山であり、労働組合運動はあったものの、社会主義が国民的規模で議論される対象とはならなかった。

日本人は、生真面目に「社会主義の誘惑」の中をさまよってきた。少なくとも「七〇年安保」までの世代であれば、多少でも真面目にものを考える人間は、それを肯定するにせよ否定するにせよ、「社会主義」を体制選択の代替可能性として意識したはずである。私自身、「団塊の世代」であり、全共闘運動に揺さぶられた世代としては社会主義を冷静に受け止めたほうだが、それでも「資本主義の矛盾の深化によって必然的に社会主義社会が到来する」という「社会主義必然論」には衝撃を受けた記憶がある。つまり、資本主義の発展は「鉄鎖以外に失うものもない搾取された労働階級」を生み出し、この労働階級の覚醒と台頭によって必然的にブルジョア支配は打倒され、「階級と私有財産制のないプロレタリアート支配の新しい社会」が実現される、という論理構成は、それが「科学的法則に則った必然」であると説明されることによって青年の心を昂ぶらせるものであった。

あらゆる議論を超えて、否定することのできない当然の法則として、体制の矛盾の中から体制を否定する勢力が台頭するという論理は麻薬のごとく魅力的であった。「ブルジョアは、自分の墓掘人を生産する」というパラドックスは、あたかも体内に棲み着いたエイリアンが母体を乗っ取るような不気味さを漂わせ、実に巧妙な変革主体論であった。一八四八年、つまり百五十年前にロンドンで印刷されたマルクス三十歳の作品『共産党宣言』は、「共産主義という亡霊が欧州をさ迷っている」と述べるが、「社会主義必然論」のロジックこそ二十世紀の呪縛霊であった。

その社会主義が、実験ゾーンであったソ連・東欧において崩れた。それはシステムの非効率と不公正による自壊であった。結局、二十世紀の社会主義がもたらしたものは何だったのだろうか。

性急な結論をだす前に、しっかりと歴史的考察を加えておかなければならないことがある。

ブレア政権誕生の意味とは

一九九七年五月、十八年間の保守党支配を打ち破り、トニー・ブレア党首が率いる労働党が政権に復帰した。英国流「ビッグバン」を実行し、英国経済に規制緩和・競争導入をもたらしたサッチャー政権とメージャー政権の英国経済活性化への一定の実績にもかかわらず、英国民は保守党の継続を望まなかった。

EU通貨統合への参加問題なども背景にはあるが、やはり「競争至上」の保守党政策の中で、「強い者はより強く、弱い者はより弱く」なりつつある社会の歪みへの英国民の不安が、労働党を選択させたといえるのであろう。もちろん、社会主義の復活などといった単純なものではなく、産業国有化政策の放棄など労働党の政策転換を背景とする政権交代であり、「ブレアはサッチャーの息子」という表現さえあるごとく、あくまで市場経済の中での労働党の役割を模索するものである。

ブレア労働党政権がやろうとしていることを約言するならば、「社会政策の重視」といえる。(注、少なくとも九九年の時点で)つまり、雇用の確保、所得分配の公正化、福祉の充実、環境の重視などの社会政策を志向しようとするもので、ある意味では「社会主義の原点」に帰り、新しい時代での社会正義と公正の実現を目指すものでもある。

EU全体に目を転じても、九九年末現在EU加盟十五カ国中十一カ国で旧社会主義政党が政権に参加しており、欧州が総体として社会政策重視の方向に舵を切り始めたことが検証できる。つまり、米国流の市場競争至上主義が世界の潮流をリードする中で、欧州はかつて社会主義に悩んだ歴史を踏まえ、現代における社会政策を模索し始めたのである。

ところで、この労働党の原点ともいえる組織が形を成したのが一九〇〇年であった。この年、ロンドンで「六十五の労組、三つの社会主義団体（社会民主連盟、フェビアン協会、独立労働党）」が、国会への独自の労働代表議員の選出を目的とする「労働代表委員会」を結成した。この時点ではわずかに二名の議員しか有していなかったが、一九〇六年の総選挙では二十九名を当選させ、この時から「労働党」の名称を採用している。その後、労働者の組織化と選挙制度の民主化によって、「保守党対自由党」という伝統的な二大政党制の壁を突き破り労働党は急速に勢力を拡大し、早くも一九二四年にはマクドナルド労働党内閣が成立している。

その後、第二次大戦を挟んで労働党は六回にわたり政権を獲得しており、七九年五月のサッチャー保守党政権成立までに労働党の政権期間は延べ二十年におよぶ。特に、アトリー、ウィルソン、キャラハンという首相を担いだ戦後の十七年間の労働党政権が、英国経済を決定的に弱体化させたともいわれているが、英国政治史の曲折を辿るならば、英国民が何に悩み今日に至ったのか、感慨深いものがある。

資本主義の発展を「企業者を推力とする創造的破壊」によって説明したシュンペーター（一八八三〜一九五〇）は、その著『資本主義・社会主義・民主主義』の一九四七年版で、「今後の世界を動かす三大要素」として「イギリスの社会主義、アメリカの経済的可能性、ロシアの共産主義」を抽出していたが、その後五十年の歴史はこの三つの要素が辿ったそれぞれの運命を証明している。
ロシアの共産主義は崩壊したが、先進資本主義国での社会主義の可能性を探る実験でもあったイギリスの社会主義は、サッチャー革命という洗礼を受けた後、ブレア政権によって、改めて歴史の濾過を経た「真価」を問われているといえる。「市場経済下の社会政策の在り方」という課題は、決してイギリスだけのものではなく、現代社会が真剣に模索すべき共通テーマであろう。

ロンドンでの貧窮生活

興味深いことに、夏目漱石もマルクスを読んでいたようである。ロンドン留学中の一九〇二年三月十五日付けの義父中根重一宛の書簡で、漱石は「カールマークスの所論の如きは、単に純粋の理窟としても欠点有之べくとは存候へども、今日の世界にこの説の出づるは当然の事と存候」と書いている。漱石が見つめていたのは、ビクトリア期英国の貧富の格差であった。漱石は述べる。「国運の進歩の財源にあるは申までも無之候へば、御申越の如く財政整理と外国貿易とは目下の急務と存候。同時に国運の進歩はこの財源を如何に使用するかに帰着致候。ただ己のみを考ふる数多の人間に萬金を与へ候とも、ただ財産の不平均より国歩の艱難を生ずる虞あるのみと存候。欧洲今日文明の失敗は明かに貧富の懸隔甚しきに基因致候」

マルクスは、一八四九年にロンドンに亡命して以来、一八八三年にこの地で死ぬまで、途中の移動はあったが約三十年にわたるロンドン生活を送っている。

私はロンドンでのマルクスの足跡を尋ね歩き回ったことがある。一九七五年、社会人になって最初のロンドンへの長期出張の時、ソーホーのマルクスの下宿跡から、彼が通い続け『資本論』を書いた大英博物館まで歩いたこともある。

マルクスは何回もロンドンでの住居を変えているが、ソーホーの住居は三番目と四番目の家であった。ディーン街六十四番地とディーン街二十八番地は、おなじ通りを挟んで近接したところにあり、中華街の中心からわずかに数ブロックである。九七年秋、久々に訪れてみると六十四番地のほうはガラス張りのオフィスビルになっていたが、二十八番地は昔のままの建物で、一階はイタリア・レストランになっていた。

当時この地区は労働者や移民の居住区で、マルクス一家は筆舌に尽くし難い困窮の中で生活した。貧困故の病気で一八五〇年には次男グイードが死に、五二年には三女フランツィスカ、五五年には長男エトガルが死ぬが、債権者達に責め立てられ、食料品店や薬屋、石炭屋に支払う金もない状態で、棺桶を買うことさえ困難だったという。そうした悲惨な貧困の中でさえ、一八五〇年代を通じてマルクスは毎日午前九時から午後七時まで大英博物館のドームの読書室にでかけ、内外の経済学の書物を読み続けた。作られたノートは、大学ノートにして数百冊になるといわれる。この精神力は尋常なものではない。

ロンドン時代のマルクスは何で食べていたのか。最も大きな収入源は「ニューヨーク・デイリー・トリビューン」紙に書き続けた論説であり、それは十年間に五百回を超す。僅かに週二ポンド程度の収入であった。このことで、後にケネディ米大統領が「もしアメリカのジャーナリズムがマルクスの原稿料をねぎらなかったら、マルクスはあんなに貧乏しなかったであろう、そしてあんな革命論なんか書かなかったろう」というジョークを言ったが、世の生真面目なマルクス主義者は本気になって反発し、大内兵衛も『マルクス・エンゲルス小伝』（一九六四年）において「そういうことを考えるのは思い上がった小人」と激しく攻撃している。

ピエール・デュランの『人間マルクス――その愛の生涯』（一九七〇年）を読むと、厳《いか》めしい苦闘の思想家としてのマルクスではなく、人間味あふれるマルクス像が伝わってくる。耐え難いほどの貧困の中でマルクスを支え続けた妻ジェニー、そして思想的にも財政的にも同志愛を貫いたエンゲルスの存在を考えると、マルクスという人物も「熱い血」の流れる魅力を放っていたのであろう。

マルクスの人間関係は単純ではない。一生マルクス一家のために無給で仕えた家政婦ヘレーネ・デムートとの間には男の子がいて、その子供はエンゲルスが自分の子供として認知して育てた。ヘレーネは、精神的にも深くマルクスを支え、そのたくましく明るい献身は、マルクス一家の支柱であった。建て前や理屈では論ずることのできない世界で、マルクスの創造力は支えられていた。ヘレーネは、ハイゲート墓地のマルクス一家の墓に一緒に眠っている。

懐の深いビクトリア期英国

「イギリスの経済学とフランスの社会主義とドイツの哲学とが、マルクス主義を形成する三つの源泉的要因であった」と宇野弘蔵は述べる（一九四八年『資本論入門』）。確かに、それまでの西洋の知的資産を凝縮して摂取し、批判的に自らの思想に体系化したマルクスの集中力と情熱は驚くべきものといえよう。

また、マルクスの生涯を振り返るならば、ドイツ、フランスを追われ、イギリスに定住した彼の体験軸が、思想に結実していったことを感じざるを得ない。そして、困窮の連続だったとはいえ、異邦人マルクスに三十年もの研究の場を提供したビクトリア期英国の懐の深さにも驚かされる。

苦難の結晶ともいえる『資本論』第一巻を一八六七年に出版した後、マルクスは一八八三年、ロンドンで死ぬ。ハイゲート墓地のマルクス胸像を載せた台座には、「哲学者達は世界をただ様々に解釈してきたにすぎない。肝心なことは世界を変革することである」というあの有名な言葉（『フォイエルバッハに関するテーゼ』におけるテーゼ十一）が刻まれている。貧窮の中で一人の男が考えた「世界の不条理を構造的に洞察し変革する構想」ともいうべき「社会主義」によって、世界はその後百年以上にもわたって悩まされることになる。

日本のイメージを作った川上音二郎

一九九八年一月十日付の朝日新聞夕刊を見て驚いた。「一九〇〇年のオッペケペー復刻」と題し、一九〇〇年のパリ万国博に際し、パリで公演した川上音二郎一座が吹き込んだレコード盤が発見され、復刻CDとして東芝EMIから発売になったという記事であった。

これは大変なことで、日本人の声を吹き込んだレコードでこれまで最古とされてきた一九〇三年のものよりも三年も古い録音盤が現存していたということもさることながら、伝説の存在であった川上一座のオッペケペーが聞けるということなのである。

私も早速注文して入手し、九十八年前の音をじっくりと聞いてみた。まるでタイムカプセルを開けるような興奮を覚えつつ聞いた正直な印象は、芸能というにはなんとも抑揚のない早口の日本語の連続で、よくこんなものが欧米公演で受けたなというものだった。

このレコードを発見したのは、米国ユタ州のブリガム・ヤング大学の日本文学研究者スコット・ミラー準教授で、英国EMIの資料室に保管されていたという。原盤は一八八七年に考案された「ベルリナー盤」といわれるもので、直径十五センチほどの「シェラック」（カイガラムシの出す蠟《ろう》）製の円盤で、蓄音機メーカーのグラモフォン社が開発したものである。同社は蓄音機の販売促進のため、そのソフトとして異国情緒の音楽や音を録音して販売していた。川上一座の録音もその一環だったようである。

今回発売になった復刻CDには実に適切な解説の小冊子がついており、スコット・ミラー、岡田則夫、都家歌六、千野喜資の各氏が専門性の高い説明を行っている。これによって我々は、川上音二郎一座の欧米公演の全貌をほぼ的確に掌握することができる。

川上音二郎とは何者か

川上音二郎は幕末の一八六四年に博多に生まれた。いわば幕末維新の動乱に「遅れてきた青年」で、一八七七年（明治十年）の西南戦争、そして明治十年代の「自由民権運動」に刺激を受けて青年期を送り、政治に血をたぎらせる典型的な明治の政治青年となっていった。こういうタイプの青年は近頃ほとんど見かけなくなったが、直情径行な激情家で、政治向きのことになるとやたらに興奮し、行動と決起に走る人物で、明治という時代が生んだ存在なのであろう。

二十歳の頃には、自由童子と名乗り、街頭で世相風刺の過激な政談演説をやっていたようで、何回も官憲に逮捕されている。一八八一年（明治十四年）に「自由党」が結成されたり、翌八二年には中江兆民によってルソーの『社会契約論』が翻訳されたり、世は正に自由民権運動の嵐が吹き荒れていた。こうした世情を背景に気持ちを高揚させていった川上音二郎の原点は「自由党の壮士」であり、大衆煽動の政談演説家であった。

この頃の記録を読むと「政談演説」は一種の大衆芸能であり、全国至る所で何千人という単位の人が政談演説会に頻繁に集まり、異様な盛り上がりを見せていたことが分かる。ここから壮士劇のような新演劇が生まれ、政談演説家が演劇家、芸能タレントになっていったというのも不思議ではない。

音二郎は、一八八五年には上方講談組合に入り、自由亭雪梅と名乗ったあと、八八年からは、落語家浮世亭◯◯《まるまる》として関西の高座に上った。本格的に演劇を始めたのは一八九一年（明治二十四年）二月に堺の卯の日座で政治演劇「経国美談」を演じてからで、同年六月には上京、浅草鳥越座で書生演劇・川上音二郎一座として「板垣君遭難実記」を上演し大当たりしている。特に幕間のつなぎに、ざんぎり頭に白鉢巻き・陣羽織・日の丸扇子という珍妙な扮装でやった即興的世相風刺の「オッペケペー節」が大人気となった。

上方で落語・漫談をやっていた頃からオッペケペー節の前身のようなものはやっていたらしい。復刻された一九〇〇年録音のオッペケペー節を改めて聞いてみると、次のような内容である。庶民感情の吐露といったところか。

「ままにならぬは　浮世のならい　飯《まま》になるのは米ばかり
ア　オッペケペー　オッペケペー　ペッポッポー
不景気極まる今日に　細民困窮かえりみず
目深にかぶった高帽子　金の指輪に金時計
権門貴顕に膝を曲げ　芸者幇間《たいこ》に金を撒き
内には倉に米を積み　ただし冥土のお土産か
地獄で閻魔に面会し　賄賂使うて極楽へ

パリ万博で公演した川上音二郎

川上音二郎と妻の貞奴

行けるかえ　行けないよ
オッペケペー　オッペケペー　ペッポポッポーィ」

大成功を収めた欧米巡業

機を見るに敏な性格というか、時局を受けとめる感性に優れていた音二郎は、日清戦争が始まると「戦争劇」を企画し、自ら朝鮮にまで赴いて「戦地見聞記」を持ち帰り、戦局報道のはしりのような演劇で人気を呼んだ。

その後、一八九八年に衆議院議員に立候補したがあえなく落選、失意のどん底で自暴自棄ともいえる日本脱出のための「ボート漂流事件」(失敗して淡路島に漂着)を起こして顰蹙をかったが、一念発起して海外演劇公演を思い立ち、妻で葭町《よしちょう》の芸者出の貞奴と門弟の川上一座を率いて、一行十九人で、一八九九年五月、太平洋を渡りサンフランシスコに到着した。

サンフランシスコの公演は、当初舞台に立つ予定のなかった貞奴が興行師の要求でたまたま演じた「道成寺」が大いに受けて大成功であったが、売上金を現地での世話人に持ち逃げされて苦難の旅となった。それでも川上一座は東部を目指して公演を続け、シカゴを経てボストンに至った。このボストン公演中に、たまたま英国から来演中の名優ヘンリー・アーヴィングと知り合いになったことが、川上音二郎一行の運命を変える。アーヴィングの紹介でロンドン公演が決まったのである。

また、アーヴィングがボストンで演じていたシェークスピアの「ベニスの商人」を観た音二郎が、日本流に翻案して「才六　人肉質入裁判　白洲之場」と題し、仰天すべき日本最初のシェークスピア劇を演じた。才六とはシャイロックのことであり、「なんでも吸収、なんでも利用」の音二郎流アプローチはあきれるほどで、この翻案「ベニスの商人」は、一座の欧米公演での定番演目にもなった。

ボストン公演の後、ニューヨーク、ワシントンと米国東海岸での公演を続けて、一九〇〇年の四月に、川上一座は大西洋を渡った。山本進氏の研究によれば、川上一座はロンドンでは「五月下旬から約一ヶ月公演、六月二七日にはバッキンガム宮殿に於いて、英国皇太子殿下（翌年王位についてエドワード七世）上覧の栄を賜り、大成功、大得意」となったという。

さらに、フランスに渡り一九〇〇年パリ万国博への出演となり、記録によれば「七月四日から十一月三日までの百二十三日間も万博会場内のロイ・フラー劇場で興行した」という。この間、フランス大統領主催の園遊会に招待されたりもしている。余談だが、この本でも既に触れたように、夏目漱石もロンドン留学の途上、この年の十月下旬に約一週間パリに滞在しているが、十月二十二日、二十五日、二十七日と三日間万博見物をしており、おそらく川上一座公演の話は耳にしたであろう。しかし、漱石は川上一座のことは日記にも書簡にも一切触れていない。

音二郎一行は、一九〇一年の正月に神戸に帰国した。しかし、日本に腰を落ち着ける間もなく、その年の四月からは再び一座を率いて一年四カ月にわたる欧州各国巡業にでかけている。こうした川上音二郎の体験は、日本の演劇史にとって重要な意味をもった。川上音二郎は、舞台音楽や照明技術で新しいものを持ち込んだのみならず、「オセロ」「ベニスの商人」「ハムレット」などを上演したり、切符制や短時間公演など興行方法の改革を行ったのである。一九〇六年に俳優を廃業、興行師として活動した後、四年後に再び舞台に立ち、大阪北浜に帝国座を建設したが、翌一九一一年（明治四十四年）に四十七歳で死んだ。

戸板康二は『演劇五十年』（一九五〇年、時事通信社）で、次のように述べている。

「川上の一生は、持って生まれた直情径行の気質にみずから鞭うたれたようなひたむきな日々の連続であったが、それはいかにも明治期の『新俳優』らしい稚拙さに終始しているともいえる。ことに洋行中に、新俳優の勢力分布図が全く変り、後輩が演技の上で全く彼を追い抜いていた所に、川上の悲劇があった。彼が行き詰まりを感じて外国へ行き、帰ってきた時に、もう一度自分のすでにおくれたことを知った苦しみは、興行師転身声明にあらわれているのである。……しかし、彼の死後、殆どすべての新俳優が集って大阪と東京で追善興行を行ったことは、新演劇の鼻祖川上音二郎として瞑していいのではあるまいか」

日本人自身が広めた固定観念

数奇な運命を辿った特異な人物として川上音二郎の話を終えれば話は単純なのだが、よく考えてみると、国際社会における日本のイメージ形成という意味で、川上一座が果たした役割は極めて大きい。ステレオタイプの日本観とでもいおうか、今日でも引きずる「サムライ、ハラキリ、ゲイシャ」といった定番の日本イメージが定着した要因として、一九〇〇年頃に川上一座が米国から欧州にかけての公演を通じて播《ま》いて歩いたメッセージを無視することはできない。

一九〇〇年のパリ万博での川上一座の十八番的な出し物にも「武士と芸者」（英語名 “Geisha&Knight”）というのがあるが、これは「鞘当《さやあて》」と「道成寺」を外国人向けにアレンジしたものらしく、この中に描かれた芸者、侍、切腹という展開が欧米人に大いに受け、これが米国、欧州での日本のイメージ形成に大きな意味を持った。なにしろ、興行主との契約に「一回の舞台に一度はハラキリ・シーンをいれる」という、昔流にいえば「国辱的な事項」があったという。

東洋への異国趣味を掻《か》き立てたというだけでなく、パリでの公演をみた十九歳の青年画家ピカソが、短刀を持つ貞奴のデッサンを残したり、音楽家ドビュッシーが貞奴の三味線の音色に触発された曲を作曲したり、芸術の世界でのジャポニスムに積極的な影響を残しているともいえるが、やはり「芸術的には洗練されてはいるが謎めいた粗暴で野蛮な国」という表層的な日本理解を世界に蔓延させる大きなきっかけになったといわざるをえない。

もっとも、それ以前にギルバート作のオペレッタ「ミカド」が、一八八五年のロンドンでの初演以来、欧州各地で爆発的なヒットとなり、西洋社会における日本の特異なイメージを形成してはいたが、西洋的好奇心を受け止める形での日本人自身によるメッセージとして川上一座が果たした役割は無視できない。徒手空拳の旅一座にこうした責任をかぶせるのは酷かもしれないが、米国各地からロンドン、パリまで地球輪切りで「日本のイメージ」を発信してまわったことのインパクトは大きかったのである。ちなみにプッチーニのオペラ「蝶々夫人」がミラノのスカラ座で初演されたのは一九〇四年二月であった。

実は、今日でも日本はステレオタイプ的な自己イメージから脱皮することに成功していない。海外で行われる「日本紹介の文化イベント」を注視すれば分かる。伝統芸能ということで持ち出されてくるものは、大部分は古色蒼然としていて、現代を生きる日本人の生活感とはかけ離れたものである。外国人が固定観念を持っているのではなく、日本人自身が固定観念を増幅するような発信しかしていないのである。

外国人からすれば、ふんどし・太鼓・尺八・お茶・お花・着物・歌舞伎・相撲という「伝統的日本」イメージと身の回りの日本車やハイテク日本製品のイメージとの段差に戸惑いながら、日本に対する不可解で不気味な印象だけが残ることになる。「一九〇〇年のオッペケペー」のCDを聞きながら、百年も経とうとしているのに、日本は依然として「発信すべき自らのイメージ」を混迷させていることに気付かざるをえない。

ケインズは現代を救ったか

九七年来のアジア通貨危機との関連で話題になっているIMF・世界銀行の創設に英国の経済学者ケインズが深く関わっていたことを知る人は意外に少ない。

ケインズは、一九四六年の四月二十一日に死んだが、その前月に米国南部のジョージア州サバンナで行われたIMF・世銀の設立総会に英国からの理事として出席のために大西洋を渡り、帰途サバンナからワシントンに向かう列車の中で倒れ、それが尾を引いて不帰の人になったのである。

悲惨な世界大戦をもたらした「為替の切り下げ競争や為替制限、輸入割当、貿易を窒息させたその他の措置」を二度と復活させてはならないというのが、F・D・ルーズベルト米大統領をはじめ、米欧の連合国指導者たちの共通の思いであった。英国の立場は若干微妙で、米国がその圧倒的生産力優位を背景に「英連邦の特恵関税など差別主義・ブロック主義の撤廃」を迫っていたのに対し、英国はなんとか戦後の世界経済における優位性を残そうとしていた。ケインズの「国際清算同盟案」はそうした視点から構想されたものであった。

米国は財務省のハリー・ホワイトを中心に「国際安定基金案」を提示し、米国主導の世界経済秩序を確立しようとする姿勢を露にした。結局、英米の主導権争いを経て一九四四年の七月に、ケインズが英国を代表して参加したブレトン・ウッズ会議において、米国案に近い形での国際通貨基金（ＩＭＦ）と国際復興開発銀行（いわゆる世界銀行）の設立に関する協定が、四十四カ国の参加を得て決定された。ケインズ案のような信用創造機能を有する国際中央銀行の創設ではなく、問題赤字国に貸付けを行う為替安定基金としてのＩＭＦ設立となったのである。

早熟な知的エリート

一九〇〇年、ケインズはパブリック・スクールの名門イートン校にいた。マルクスがロンドンで死んだ一八八三年に生まれたケインズはこの年十七歳で、イートンに入って三年目、知的エリートとしての道をひたすら歩んでいた。

ジョン・メイナード・ケインズ、彼は大学の街ケンブリッジに学者の子供として生まれ、ビクトリア期英国の爛熟した光を浴びて育った。父はケンブリッジ大学の論理学と経済学の講師であり、母はケンブリッジ大学の最初の女子カレッジであるニューナムの卒業生で、先駆的な社会事業家として活動し、後にケンブリッジ市の市長にもなった。著名な学者たちがしばしばケインズ家を訪れるような高度の知的雰囲気の中で育ったケインズは、早熟な知性を印象付ける少年であったという。

イートン校時代のケインズの生活は、彼が日々の出来事を詳細に両親に書き送った書簡によって確認できる。それらの書簡は、母親によってすべてファイルされ保存されていたというのだから、彼の家庭環境が分かる。彼は、当然のごとく毎日八、九時間の勉強を続け、磨きのかかった知性を身に付けていった。そして、イートン校最後の年には、学友たちの敬意を集め、イートン校のエリートとされる「イートン・ソサイエティ」のメンバーにも選ばれた。これは国家的指導者となるべき人材を早くから養成することを意図したシステムで、学内監督の責任を生徒にも分担させようというものであった。

申し分のないほど知的で優秀な生徒ではあったが、若干他人を見下すような優越意識を潜在させていたようである。しかし、これはケインズに特別なことではなく、ビクトリア期の英国における経済的安定と物的豊かさを享受して育ち、社会体制の矛盾や決定的人間不信を味わうこともなく学園生活をおくるインテリ青年において、やむをえざる傾向というべきなのであろう。

一九〇二年、首席でイートン校を卒業したケインズはケンブリッジ大学キングズ・カレッジに進学した。キングズ・カレッジにおける彼に大きな影響をあたえたのは、「アポスルズ・ソサイエティ（使徒の会）」への入会であった。会員は、ケンブリッジの若い研究者や大学の上級生から選ばれた者で、毎土曜日の午後、論文の講読と討議がなされていた。当時の「ソサイエティ」に熱狂的に受け入れられていたのが、哲学者で『倫理学原理』の著者G・E・ムーア（一八七三～一九五八）であった。ケインズも深くムーアの影響を受け、ビクトリア期的な功利主義を超えた理想主義としての「善と美と真理の追究」を人生の至高の目標とする姿勢を身につけていった。

人生の転機となった結婚

改めてケインズを調べてみて、経済を論ずることとは何であるのかを考えさせられた。彼は、経済学の師マーシャルについて書いた『マーシャル伝』で、「経済学の巨匠はもろもろの才能のまれにみる結合をもたなければならない。……経済学者は、ある程度まで、数学者であり、歴史家であり、政治家であり、哲学者でなければならない。……彼は、未来の目的のために、過去に照らして現在を研究しなければならない」と述べる。事実、人間ケインズは驚くほど裾野の広い多才な人物で、経済学者と規定するのが困難なほど様々な顔を持っているのである。

ケインズは、世界的にも著名な学術雑誌の編集者（一九一二年から約三十年間、王立経済学会の機関誌「エコノミック・ジャーナル」の編集者として精勤）、時事雑誌の編集・経営者（「ネイション」誌の会長）、事業経営者（「国民相互生命保険協会」の会長、プロヴィンシャル保険会社の取締役など）、ケンブリッジ大学キングズ・カレッジの教授兼会計官、国立美術館の理事、音楽美術奨励会の会長、伝記作家（ニュートンの伝記などを執筆）、古銭・古書の収集家など様々な顔を持っていた。

また、現実社会との関わりに強い意欲を持ち、最初に彼の名が世界に知られたのは、第一次大戦後のベルサイユ条約を批判した世界的ベストセラー『平和の経済的帰結』（一九一九年刊）によってであり、いわば時事評論家としてのデビューであった。さらに、学生時代から自由党員であったケインズは、政治とも深く関わり、若いうちは選挙運動などもやったようで、後に貴族と

ケインズに何を学んだか

マルクスは1883年に没した

なって上院議員まで務めている。

ケインズという人の人生は、才能と意思に恵まれた人間が、やりたいと思うこと、やるべきだと思うことを着実にやり遂げたものといえるであろう。先述のごとく、若き日に「善と美と真理の追究を人生の至高の目標とする」というムーアの倫理学の影響を受け、人間の合理性と知性の力に確信にも近い気持ちを懐《いだ》いていた。それゆえに、少なくともある時点までは「人間性についての皮相な見方」しか出来ない鼻持ちならない人物だったともいえる。

ケインズ研究者の間ではよく知られている話だが、面白いエピソードが残っている。一九一五年、ケインズ三十二歳。『チャタレー夫人の恋人』の著者として有名なD・H・ロレンスが、ケンブリッジを訪れ、哲学者バートランド・ラッセルの部屋でケインズと会ったという。この時、ロレンスは、ケインズが放つ浅薄な人間観と不遜なエリート臭に「精神的苦痛と敵意と激怒」を覚えたと書き残している。ケインズ自身も、後に若い日の傲慢な視界の狭さを深く反省しているのだが、彼の人生を観察してみて、大きな転機になったのは、一九二五年、ケインズ四十二歳の時の結婚だったと思われる。

ケインズが結婚したのはリディア・ロポコヴァ三十四歳、ロシアのバレリーナであった。リディアは、第一次大戦後のロンドンで爆発的人気を呼んだロシアのバレエ団「バレエ・リュッス」の売れっ子のバレリーナであり、何かと恋愛沙汰の話題多き人妻だった。決して障害のない結婚というわけにはいかなかったが、この結婚によって彼は人間としての幅を広げ、残り二十年間の人生をリディアに支えられることになる。ケンブリッジのエリート社会と距離をとり始めることになったきっかけもこの結婚であった。リディアの両親に会うために、一九二五年にはモスクワを訪問し、ロシア革命後のモスクワを観察するという体験もしている。

今こそ、「新しいケインズ」を

「ケインズはもう古い」というのが、最近の流行らしい。何やら十九世紀の「夜警国家論」に逆戻りしたのかと思えるほど、自由な市場競争の礼賛と国家機能の圧縮が時代の論調である。この七十年間のケインズの評価の変転は、それ自体が一つの時代ドラマである。

ケインズが『自由放任の終焉』を出版したのは一九二六年であった。「私的利益と公共善の間に自然的調和が成立する」という自由放任主義に対し、ケインズは公共善の実現のためには国家の介入が不可欠という論陣を張り、当時争点になっていたロイド・ジョージの「失業救済のための大規模な公共事業計画」を支持した。

ケインズの問題意識の背後にあったのは、民主制という枠組みのなかで国家が果たすべき具体的機能と役割は、「①通貨と信用の規制並びに企業活動に関する事実の情報掌握と公開、②貯蓄と投資の規模・方向の決定、③人口規模の適正化」という認識であった。それは第一次大戦後の英国が直面していた諸問題、すなわち国内物価安定のための通貨管理の必要性、資本の海外流出の抑制と国内投資への転換の必要性、過少人口化への懸念などに対する解答の模索の中から抽出された方向感覚であった。

後の一九三六年の名著『雇用・利子および貨幣の一般理論』にも連なっていく問題意識であり、資本主義の病弊ともいわれた不況・失業の合理的制御への挑戦であった。世に「ケインズ革命」

という言葉があるが、資本主義救済のための国家の積極的介入による経済運営という考えは、二十世紀における世界のほとんどすべての国に多大の影響を与えることとなった。

今日、G7の国のGDPに対する公的セクターの財政の比重を見ても、フランスの五五%を最大、米国の三三%を最小とし、平均は三九%、日本は三六%となっており、いかに国民経済の維持発展に国家財政の果たす役割が大きくなっているかがわかる。

一九一七年のロシア革命以来、社会主義の拡大という悪夢と併走してきた多くの資本主義国にとって、ケインズ的アプローチは一つの僥倖であり、希望であった。私自身も、戦後日本の社会科学を学んだ者の一人として、日本の経済学界では奇妙なほど「マル経」(マルクス経済学)の勢力が強く、「近経」(近代経済学)など体制擁護の学問であるかのような異様な雰囲気の中で、資本主義の可能性を開く理論的支柱としてケインズの議論を理解しようと、神妙な気持ちで『一般理論』の分厚い本をめくった記憶がある。

だが今日では、政府の裁量的なマクロ経済政策(財政・金融)の過重化によって自由市場メカニズムを窒息させ、官僚主義と非効率をはびこらせた元凶としてケインズの評価は決して高くない。世界の主潮は、ミルトン・フリードマンが総帥のシカゴ学派を中心とする「マネタリズム」にあり、政府の介入を排し、市場機能を重視し、自由主義社会を理想とする方向が礼賛され、一九八〇年代からの米国のレーガン革命、英国のサッチャー革命は、正にその実験場でもあった。

しかしながらケインズは、現代、とりわけ日本の二十世紀末の状況において、バランスよく評価・再考されるべきであろう。ケインズと同世代の経済学者シュンペーターは、ケインズが英国のモデル、英国の利害にこだわり過ぎることを批判したが、敢えていえば「そもそも経済学に万国共通の一般理論は成立しえない」というべきで、その時代のその国の社会状況、固有の制度条件、社会心理などを感受性を持って受けとめてギリギリの普遍化・理論化を図るしかないのではないか。その意味で、ケインズの『一般理論』という書名も偉大なブラックジョークなのかもしれない。

ともあれ、英国経済の成熟と行き詰まり、とりわけ米国の台頭のなかで、英国の投資が米国に吸い寄せられ、「産業の空洞化」が進行している状況を前提とし、大幅な「需要不足」を背景とした理論として「財政金融政策主導の経済活性化構想」が浮上したのである。その限定性を踏まえた上でもなお、今日の日本への処方箋として、ケインズに学ぶべきことは多いのではないだろうか。

二十世紀が終わろうとする今、ケインズを再考して思うのは、ケインズ自身が語った「経済学はモラル・サイエンスであって自然科学ではない。経済学は内省と価値判断を用いるものだ」という言葉である。「経済学は現代を救えるか」という命題が再び問われる今、ケインズが彼の生きた時代に立ち向かった気迫と感受性、そして理論の体系性は、改めて求められるべきものであろう。新しいケインズが必要なのである。

南方熊楠と大英博物館

南方熊楠《みなかたくまぐす》がロンドンに生活したのは一八九二年九月から一九〇〇年九月までの八年間であった。日本近代史においてこれほど異彩を放っている人物も珍しい。「在野の知の巨人」ともいうべき人物で、植物学の世界的研究者とされることが多いが、人類学、民俗学、宗教、哲学などにも深い造詣を持ち、調べるほどに「こんな人が日本にもいたのか」と唸《うな》るような人物である。

不思議な因縁というべきか、この本でも触れてきた「日露戦争の天才参謀」秋山真之《さねゆき》と南方は奇妙に人生の糸が交差している。一八六七年、明治維新の前年に和歌山で生まれた南方は、一八八三年（明治十六年）に上京し、神田の共立学校で、後の大蔵大臣で昭和金融恐慌への対応で昨今とみに評価が高まっている高橋是清から英語を学んだ後、翌年から大学予備門（後の第一高校）に入学しているが、この共立学校・大学予備門を通じて南方は秋山真之、正岡子規と同級であった。

秋山が一九〇〇年の一月にロンドン駐在武官として米国ワシントンから着任し、七月に帰国するまで四十日間の欧州大陸調査旅行を除いてはロンドンを基点に活動していたことは既に述べた。つまり、この年の前半、秋山真之と南方熊楠は共にロンドンにいたのである。

南方は、大学予備門を一年半で落第したのを機に退学している。偏頭痛とも癲癇ともいわれる持病が悪化したらしい。秋山も、二年間在籍した後、学費の問題もあり海軍兵学校に行く決意をし、愛媛時代からの親友正岡子規と別れ、大学予備門を中退している。

もう一人、夏目漱石も同じく一八八四年に大学予備門に入学しており、熊楠の同級生であった。こちらは一九〇〇年の九月八日に横浜を発ってロンドン留学に向かったわけで、九月一日にロンドンを去った熊楠とは、インド洋のどこかですれ違ったことになる。こういうイマジネーションを追うと、歴史考察も実に楽しい。

アメリカ時代の青年熊楠

ロンドンに登場する前の熊楠は約六年間アメリカにいた。大学予備門中退の後、実家の和歌山に帰っていた熊楠は、一八八六年（明治十九年）の十二月に横浜を後にしてサンフランシスコに向かう。熊楠十九歳であった。サンフランシスコでは商業学校に入学するが半年で嫌気がさし、シカゴを経てミシガン州のランシングに至り、州立農学校に入学する。しかし、ここも一年で退学、その後はランシング近くのアナバーをベースに、ミシガン大学に留学中の日本人と一緒に手書きの邦字新聞の主筆をやったり、植物採集をしたり、自適の勉学を一八九一年春まで続けている。

それからの熊楠は、カルキンス元大佐という、毎冬フロリダで地衣類の採集・研究をしているシカゴの弁護士と親交を深め、自らもフロリダ州ジャクソンビルを訪れ、さらにキーウェスト、キューバと足を延ばし新種の地衣を採集する。それからはキューバ公演中のイタリア人カリニの曲馬団に参加していた日本人の曲芸師との縁で、曲馬団に身を投じてハイチ、サントドミンゴなどの西インド諸島、ベネズエラなどを巡行するという不思議な体験をしている。曲馬団の食客兼事務手伝いのような形であり、女曲芸人のラブレターの代筆をしたり、なんとも数奇な話である。

そして一八九二年八月、自らの勉学を深めるためには当時の世界文化の中心ロンドンに行くしかないと決意、フロリダを後にしてニューヨーク経由で英国に向かう。

アメリカ時代の熊楠の生活を探ると、貧窮の中で好奇心の赴くままに放浪した「途方もない無駄」のような印象を受けるが、この期間が「途方もないエネルギー蓄積」の準備時間になったともいえる。この時期の熊楠の書簡には、自らの生活を描写して「むちやくちやに衣食を薄くして病気を生ずるもかまはず、多く書を買ふて神学もかじれば、生物学も覗ひ、希拉（グリーク）もやりかくれば、梵文（サンスクリット）にも志し、流るる水ののどにも有ましの万葉風より稽古返りのささもつれ髪、と甚句体迄も研究せしが、我が思ふことは涯《かぎ》りなく、命に涯あり、見たい書物は多々、手元に金は薄しときてゐるから思ふままに成らず」（全集第十一巻）とある。

青年熊楠は何をしようとしていたのか。妙な表現だが、宇宙の意味を考え、世界を総合的に認識するための知的格闘の中をさ迷っていたのではないか。

大英博物館から受けた恩恵

大英博物館が「スローン・コレクション」を基に一般公開されたのは一七五九年であるが、圧

「巨人」南方熊楠

熊楠の住んだ家の前に立つ著者

倒的に充実・発展したのは十九世紀のビクトリア時代であり、その立役者がイタリア出身の館長パニッツィであった。彼はコレクションを充実させただけでなく、「貧しい学生にも利用の機会を」として、一八五七年に中庭を利用した図書館を建設したり、「ザ・ミュージアム」(博物館中の博物館)といわれる大英博物館の基盤を確立したといえる。

大英帝国の絶頂期としてのビクトリア時代を背景として、世界中の植民地から民俗学、博物学、宗教学に関わる資料、文献、標本などがロンドンに集められ、学問としてこれらの分野が体系づけられる契機となったのである。その主舞台が大英博物館であった。「世界中から文化遺産を収奪した」とされる大英帝国の功罪の「功」の部分を思わずにはおれない。ディケンズは大英博物館を利用する人達を「みすぼらしくも上品な人々」と表現したが、『資本論』を書いたマルクスをはじめ、ガンジー、孫文、レーニンなど異邦人までが入室を許可され、円形閲覧室で文献にあたっている。熊楠もその恩恵を受けながら、大英博物館を舞台に人生のハイライトともいうべき時代を迎えたのである。

熊楠が最初に大英博物館を訪れたのは一八九三年九月二十二日とあるからロンドンに着いてほぼ一年後の頃である。考古学・民俗学部長のA・W・フランクス、同副部長のC・H・リードの知己を得て、日本の仏教・仏像などについての知見を買われ、次第に大英博物館に出入りするようになった。正規の館員ではなかったが嘱託のような立場で東洋書籍部の目録作りなどを手伝いながら、考古学、人類学、宗教学などを自学し、古今東西の稀書を手写して抜書を作った。

この間、一八九三年に週刊科学誌「ネーチャー」に「極東の星座構成」と題する論文を寄稿して以来、同誌を中心にしばしば論考を発表、その学識を認知されるようになった。結局、大英博物館には六年近く通いつめ、知的に充実した時間を過ごすのだが、貧窮と人種差別への苛立ちもあり、博物館の閲覧室で無礼な白人をなぐったり、乱暴な言動を繰り返したことにより追放、一八九八年十二月に出入り禁止となる。

その後、生活苦もあり帰国を決意、一九〇〇年九月一日、失意のうちにロンドンを後にするに至った。

今回、改めて熊楠を調べるに当たってロンドンを訪れたが、大英博物館の名物であったあの円形閲覧室は改築工事中（九八年五月末現在）で、数百万冊の蔵書は新国立図書館に移動されるという。二〇〇〇年の秋には新閲覧室が円形ドームに再開されるそうだが、実体は二万五千冊程度の博物館展示品関連書籍を中心にしたレファレンス専用の閲覧室となり、かつてマルクスや熊楠が通いつめて文献に向かった閲覧室の栄光の歴史は幕を閉じるというべきであろう。

孫文や昭和天皇との出会い

十四年ぶりに帰国した故郷日本の風も、熊楠にとって決して暖かいものではなかった。和歌山の実家南方家は、熊楠の父の代は隆盛を誇っていたが、長男（熊楠の兄）の放蕩で破産、かろうじて熊楠の弟で三男の常楠が造酒屋を開き持ちこたえていた。常楠にすれば、十四年も海外を放浪してきた兄が、「蚊帳のごとき洋服一枚まとうて」無一文で帰ってきたわけで、学識を誇り大言壮語する兄の処遇に当惑したといえる。

熊楠も食い物から小遣い銭まで、弟の薄遇に不満を書き綴っており、あまりにひどい身なりで、小児らに「浴衣の前破れてきん玉が見える」のを笑われたという話もある。それでも一九〇六年には、三十九歳で田辺町の神主の四女松枝と結婚。松枝は世間的には変人・奇人とされる熊楠を忍耐強く支え続け、一男一女を儲けている。思うにまかせぬ人生であったが、一方で熊楠の価値を認めてくれる人物との出会いが彼の人生ドラマを盛り上げていく。その一人が中国革命の指導者孫文である。

孫文と熊楠の出会いは一八九七年、ロンドンに於いてであった。大英博物館の東洋書籍部長ダグラスの紹介によってであり、清国からの亡命者だった孫文と意気投合、親密の度を深めている。フロックコートを着た熊楠が、ビクトリア駅から寂しくロンドンを去る孫文を見送る図は、想像するだけで感慨を覚える。よほど親近感を覚えていたのか、「熊楠帰国」の報に接した孫文は、一九〇一年二月、当時住んでいた横浜から遠路はるばる和歌山に熊楠を訪ねている。

もう一人、熊楠の温かい理解者となったのが昭和天皇であった。同じ植物学の研究者ということもあり、昭和天皇は熊楠の「篤学」に興味を抱かれ、一九二九年（昭和四年）六月一日、紀伊行幸に際し、熊楠が植物保護に努めた田辺湾の神島を訪問、御召艦「長門」艦上において生物学についての御進講を受けている。熊楠の御進講はよほど印象深かったようで、終戦後になっても昭和天皇は「南方には面白いことがあったよ。長門にきた折、珍しい田辺付近産の動植物の標本を献上されたがね。普通献上というと桐の箱か何かに入れて来るのだが、南方はキャラメルのボール箱に入れて来てね。それでいいじゃないか」（全集第一巻）と語られていたという。

現代日本人の「脳力」の衰え

南方熊楠については、様々な本が出されており、中沢新一の『南方マンダラ』（河出文庫）などに触発されて思想家としての熊楠に関心を持つ人も増えているが、比較的入手し易いものとしては笠井清『南方熊楠』（吉川弘文館）が体系的に全体像を整理したものといえる。また、偉人伝、変人・奇人伝となりがちな熊楠本のなかで、松居竜五『南方熊楠・一切智の夢』（朝日選書）は熊楠の英文誌への専門論文までも分析した緻密で新鮮な作品である。

改めて、南方熊楠という存在を考えるとき、何故彼のような世界の本質を追い求めるようなスケールの大きな人物が形成されたのか、あるいは何故現代に熊楠のような人物が育たないのか、腕組みをせざるをえない。

私は、熊楠が使う「脳力」という言葉にひっかかっている。「脳力」、つまりものを考え抜く力という意味である。体験という意味では、熊楠は当時の人間としては考えられぬほど、自分の足で世界を踏破し、博物学、民俗学、宗教、哲学の情報に触れた。また、顕微鏡を覗き込み微視的世界における生命の本質を感受性鋭く観察した。しかし、それだけであれだけの思索を世界観として凝縮できるとは思えない。

熊楠はコピー機もなく大英博物館で膨大な書物からの「抜書帳」（大部のノートで五十三冊）を黙々と作成した。もちろん、テレビもインターネットもなく、情報の質量ともに入手しうるものは現代とは比べるまでもなく制約・限界があったであろう。にもかかわらず、情報の凝縮力は刮目すべきものがある。それは孤独の中で驚くべき集中力で自前の書き抜きを作った営みの上に、沈黙の中で考え抜くことによって「脳力」が開花したからではないのか。熊野の山中にあったとき、熊楠は「文献も何もなくただ闇に向かった」という。

現代人は、情報過多と情報欲求過剰の中で、寸刻も休みなくテレビ、新聞、雑誌、書籍、コンピューターに向かい、たわいもない会話と雑事に「多忙」を装っている。おそらく、目が覚めている間は十分とまともに沈思黙考することなどないのではないか。物事の本質を考える「脳力」の衰えについて、熊楠を注視してある種の焦燥を覚えるのは私だけであろうか。

今日、一年に千七百万人を超す日本人が海外に渡航する時代を迎え、世界中至る所で「さまよえる日本人」に出会う。自称「芸術家」「研究者」は枚挙に遑《いとま》ない。しかし、私が語り合ってみての大部分の実感は、結局何一つ収斂させる意思も「脳力」もなく、ただ行き掛かりとして海外に生活しているだけの群れで、「薄っぺらな似非国際人」を集積させているだけのことである。熊楠の存在自体が我々の在り方にとっての問題提起なのである。

いま、再考する日英同盟

日本と英国との出会いを歴史に辿っていけば、おそらく一六〇〇年の四月(慶長五年三月)に、現在の大分県臼杵市近くに漂着したオランダ船リーフデ号から救助された英国人ウィリアム・アダムズに至る。彼は日本名「三浦按針」と名乗り、江戸幕府の通商顧問となって、平戸にイギリス商館を開いたりしたが、一六二〇年に平戸にて客死。英国も東アジアでの貿易争奪戦でオランダに敗北し、インド進出に集中するために一六二三年に平戸商館を閉鎖して撤退した。

時流れて、ペリー来航を契機として「開国」へと踏み出した日本が、修好通商条約を英国と結んだのが一八五八年、平戸商館閉鎖から実に二百三十五年間の疎遠であった。だが、一八六〇年代から日英関係は様々な意味で密度を深め、複雑な軌跡を見せはじめた。

幕府は万延元年(一八六〇年)の米国への使節に続き、文久元年(一八六一年)に欧州に初めての公式使節を派遣した。折りからの攘夷熱に煽られ、修好通商条約で約束した江戸・大坂・兵庫・新潟の開市開港の延期を欧州各国に要請するために全権使節を派遣しようというものであった。正使は勘定奉行兼外国奉行の竹内下野守、副使は松平石見守、監察使は京極能登守、ほか一行三十八名の使節であった。

幕末から明治期の日英関係

この使節がフランスを経てドーバー海峡を渡りロンドンに着いたのは、一八六二年の五月であった。一行がロンドンで約一カ月半も宿泊したのが、ハイド・パークに近いブルック街のクラーリッジ・ホテルで、レンガ造り四階建て、当時の建物は建替えられたそうだが、今日でも同じ場所で高級ホテルとして営業している。

フランスやオランダなど他の訪問先と比べ、使節に対する英国の対応は必ずしも暖かいものではなかった。鎖国期を通じたオランダとの特別な関係や当時の幕府がフランスとの関係に傾斜していたことなどがその背景だが、それでも一行は精力的にロンドンを動き回り見聞を深めている。福澤の『西洋事情』などによれば、国会議事堂、動物園、病院、学校、電信会社、造船所、海軍工廠、造幣局、天文台などを訪ねており、彼らの好奇心と吸収力が、その後の明治期近代化の源泉となったことがよく分かる。

ちょうど、一行のロンドン滞在期間に第二回ロンドン万国博が行われており、一行は何回も会場に足を運んだ。

この一八六二年のロンドン万博には、当時の駐日公使オールコックや横浜の居留者が本国に送った日本の展示品も出品されていた。和紙、衣装、甲冑、漆器、陶器、刀剣のほか提灯、蓑笠、草履などの民俗産品が並べられ、使節の一行は「惜しむらくは彼の地に渡る所皆下等の品多くして、各国の下に出したるは残念なりと云ふべし」（高島祐啓『欧西紀行』）という印象をもったようだ。しかし、日本からの侍一行の登場自体が万国博のイベントであり展示品だったともいえ、欧州における日本への関心と認識を深める基点になったのである。

この文久二年の使節の翌年、一八六三年が薩英戦争、さらに一八六四年が下関への四国連合艦隊の砲撃と続き、「攘夷」を叫んでいた薩摩・長州も急速に目を開き、一八六三年には長州藩から五人（井上馨、伊藤博文ほか）、一八六五年には薩摩藩から十五人（松木弘安ほか）の留学生が「密出国」という形ではあるが英国に派遣されている。記録によれば、幕末までの幕府・諸藩の海外留学生百五十三人のうち英国へは五十七人で、米国の四十七人、フランス三十四人を上回り第一位だという。

しかし、明治期に入っての日本は、次第に国家形成のモデルをイギリスではなく、新興のプロイセンに採り始める。正に十九世紀後半のビクトリア期に英国流の立憲君主制が形を整えていくのだが、岩倉具視をはじめとする当時の日本の指導者は「王政」と「代議制民主主義」を絶妙にバランスさせる英国的知恵が理解できず、国王の権限が議会によって制約・棚上げされることへの拒否反応が強かった。その日本が、二十世紀に入って「日英同盟」という外交軸を選択する。

日英同盟の教訓とは何か

二十世紀の日本外交を振り返るならば、一九〇二年から一九二一年までの二十年間の日英同盟、一九四五年の敗戦から五一年の日米安保体制の確立を経て今日に至る五十五年間の日米同盟と、実に百年のうち四分の三を「アングロサクソンとの同盟」で過ごしてきたことになる。日英同盟の期間は、日露戦争から第一次大戦にかけて日本が国際社会で台頭し「戦勝国」として振る舞うことのできた時代であり、いわば「日本外交の成功体験」であった。

今日、日米同盟の「漂流」「動揺」「見直し」がいわれる環境下で、日本外交史に通じた元外交官でもある岡崎久彦のような論者が、「安易なアジア帰り論に乗って日米同盟を不用意に解消することの不明」を懸念し、歴史の教訓として「アングロサクソンとの同盟軸の堅持」を主張する気持ちも分からなくもない。

しかし、私見では、日本が「日米同盟の継続」を切望しても、米国から見たアジア太平洋の構図は様変わりしており、不可避的に日米同盟の在り方の見直しが迫られると思われる。最大の要素は「中国の台頭」であり、米国のアジア外交にとっての宿命のテーマともいうべき「アジア外交の基軸を中国にとるか日本にとるか」に関し、現在の米国は「二十一世紀の大国」中国の脅威への警戒と市場の魅力という二重の意味において中国への関心を一段と強めているといわざるをえない。つまり、九七年の江沢民訪米、そして九八年のクリントン訪中に際し確認されたごとく米中間の「戦略的パートナーシップ」が志向される局面において、望むと望まないとにかかわらず「日米同盟の再構想」は不可避なのである。そうした局面認識に立つとき、改めてかつての「日英同盟の経緯と帰結」は、次の時代を模索する上で「知っておくべき基礎知識」といえる。

日英同盟は一九〇二年一月三十日にロンドンで調印された。日本側での日英同盟の推進者は、小村寿太郎外相、元駐英公使・元外相加藤高明、林董《ただす》駐英公使等の外交官と元老の山県有朋、桂太郎等の軍人であった。協定書の原文は極めて簡潔で、ポイントは清国・韓国における英日両国の権益を認め合い、第三国と交戦の時は協力・協同するというもので、日清戦争に勝って帝国主義的姿勢を鮮明にし始めた日本にとって「侵略主義的ロシアを抑えるための究極の選択」であった。

この同盟についてフランスの「ル・タン」紙は「日本人の自尊心を大いに満足させている。なぜなら、今なお成り上がり者と感じているこの国民にとって、これは貴族社会での結婚のようなものだから」(一九〇二年二月十四日)と揶揄しており、当時在英中の夏目漱石も浮かれた日本の論調を冷笑するような論評を書き残していることは既に触れた。

英国が極東の新興国日本と同盟を結んだのには事情があった。よく言われるごとく、ロシアのアジアにおける南下を牽制するためという思惑も確かにあった。ロシアのシベリア鉄道建設の動きに対する警戒心、義和団事件において日本が見せた「実際に極東に兵力を展開できる実力」に対する評価という要素があったことも事実である。しかし、日英同盟の経緯を注視すると、話は決して単純ではないことが分かる。当初、日英同盟は日独英の三国同盟構想として、駐英独臨時大使代理エッカルトシュタインにより「極東での勢力均衡のため」推進されたという。結局、英国は当時の欧州を二分していた「露仏同盟と独・伊・オーストリア三国同盟」の対立枠に引き込まれることを嫌い、日本のみとの同盟を選択したのである。つまり、欧州情勢の微妙な副産物であった。

元老伊藤博文は、日露協商を主張し、一九〇一年の十一月末には自らロシアに赴き、日本の韓国における権益とロシアの満州における権益を相互に認め合う「満韓交換的協定」によって日露の緊張を回避する可能性を求めていた。結果として、「日露協商だけではロシアを抑え切れず」という小村寿太郎の判断に基づき、日本は日英同盟への道を選択したのである。

興味深いのは、伊藤博文、井上馨という青年期に長州藩留学生としてロンドンに留学したことのある重鎮二人が日英同盟に反対したという事実である。「栄光ある孤立を標榜する英国が日本を真剣な同盟相手として評価するはずがない」という判断があったようだが、こうしたコンプレックスは、英国を生身で体験した人間ほど深いということもできる。

ともあれ、日本は日英同盟に支えられ日露戦争、第一次世界大戦（山東への出兵）、ロシア革命後のシベリア出兵と、まがりなりにもユーラシア大陸を舞台にした地政学的ダイナミズムに「勝ち組」として参画することができた。正に、日英同盟は日本人の「精神的安定装置」であった。だが、この同盟は一九二一年十二月、ワシントン会議における日英米仏四国条約締結によりあっけなく廃棄された。米国の思惑を強く反映した条約であり、「国際協調主義」の名の下に米国のイニシアティブによる多国間の国際協調・勢力均衡体制を構築しようとするものであった。

その後の歴史は、日本が多国間外交を制御できるだけの外交力を具備することなく多国間ゲームに消耗し、孤立と焦燥の道へと迷走していったことを証明している。だからといって二国間同盟の安定軸にしがみつけという議論が正しいというわけでもない。「同盟外交の陥穽」という表現があるが、本質的に外交とは多元的ゲームであることを忘れ、同盟への過剰依存と固定観念を持ち続けることがいかに危険か、私達は国際関係における「与件の変更」「争点の転位」に冷徹な意思をもって注視する必要がある。現在の日米同盟にも通じる教訓を日英同盟の曲折の中に考察しておかねばならない。

『アーロン収容所』の衝撃

第二次大戦後の日本にとって、英国は「民主主義の模範」であった。戦後民主教育の教科書には池田潔の『自由と規律』などが教材として載っていたし、大塚久雄の『欧州経済史』において論じられる「近代的・民主的市民社会のモデルとしての英国」という視点が知識人に共有されていた。一九七〇年代以降、日本の高度成長との対照で「英国の停滞」が目立つようになると、日本人の英国への敬意は薄らいできたが……。

英国を「民主主義の模範」とするイメージで捉えていた戦後日本人にとって一九六二年に出版された会田雄次の『アーロン収容所』は衝撃だった。この本は、著者会田（当時京都大学助教授）が、一九四五年の敗戦直後から約二年間、ビルマ（現ミャンマー）で英軍の捕虜収容所に入れられていた時の記録である。この本が衝撃的であった理由は、捕虜収容所での生活を通じ「イギリス人の正体を垣間見た」と著者が述べるごとく、英国に対する「反感と憎悪」に満ちたものであったからである。

会田が体験した英国人は、「アジア人を人間とさえ見ない」傲慢な支配者であった。二百年間の植民地支配がそうさせたのか、本国における民主的市民社会の伝統とはあまりにも好対照に、英国人のアジア人蔑視には根深いものがあり、捕虜収容所という極限状況にせよ英国人の一面を見抜いたともいえよう。中西輝政が『大英帝国衰亡史』で指摘しているごとく、大英帝国とは「威信のシステム」であり、二百年かけた帝国の興隆とともに醸成してきたイギリス精神は、もちろん工業力・海軍力・植民地支配などに支えられたものであるが、非ヨーロッパに対して自らを「文明」と同義語と認識するものとさえなっていた。

おそらく一つの時代を支配するまでに至った帝国は、「善悪双方のポテンシャル」を高揚させ、正義と悪を混在させた謎めいたエネルギーを発散させるのであろう。フランス人ルイ・カザミヤンが書いた『イギリス魂』（一九二七年、邦訳・社会思想社）は、イギリス人が本質的国民性としての利己主義を抑制の利いた精神性（ストイシズム）にまで高めていった過程を分析し、「平穏な時にあっても、不安の時にあっても素朴で平静で、自若としている一つのエネルギー、無言で自己を表に出すことを嫌う一種の英雄主義、これこそが文字通りのこの悲劇の時期においても、依然としてイギリスの風貌が我々に与える印象なのである」と述べる。

イギリスがビクトリア期の絶頂を経て、「衰亡」に向かう転機となったのが一八九九〜一九〇二年のボーア戦争であり、ボーア戦争からインド独立、スエズ紛争、そして九七年の香港返還まで二十世紀の英国は、帝国の後退に苦しみながらも蓄積された「威信のシステム」の凄みを卓抜の外交力という形でみせつけてきた。「名誉と権威を残しながらの後退」というのは容易なことではない。繁栄が成熟・衰亡へと向かう時、何を残し、どうすべきなのか。英国の実験はあまりにも重い「考えるヒント」を提供している。

第三章　一九〇〇年　ウィーン

欧州統合の母、クーデンホーフ・光子

ウィーンは「世紀末都市」といわれる。何やら謎めいていて淫靡で爛熟した響きのある表現である。確かに十九世紀末のウィーンは「欧州の宝石箱」ともいわれる不思議な光を放っていた。滅びの前の光とでもいおうか、ハプスブルク家の「オーストリア・ハンガリー二重帝国」が迫りくる崩壊の音に気付くことなく、なお栄光の余韻の中にいた。

「ハプスブルクの美神」とまでいわれた伝説の美女、「シシィー」と愛称された皇妃エリザベートがジュネーブのレマン湖畔で暗殺されたのが一八九八年であり、実質的なハプスブルク家の「最後の皇帝」フランツ・ヨーゼフが、一八四八年の即位以来六十八年間の在位の最終章に差し掛りながらもなお健在であった。ハプスブルク帝国の衰亡の予兆は、十九世紀を通じていたるところに確認できるが、その中心にいた人々は「台風の目」の中にいるかのごとく滅びの季節の日

常を享受していた。

この世紀末ウィーンに「黒い瞳の伯爵夫人」として一人の日本女性が登場した。クーデンホーフ・光子である。彼女のあまりにもドラマティックな生涯は、二十世紀の欧州史に特異な光を放っているのである。

青山光子の不思議な運命

一八七四年（明治七年）、江戸の気風の残る牛込納戸町に商人の三女として生まれた青山光子が、オーストリア・ハンガリー代理公使として東京に赴任していたハインリッヒ・クーデンホーフ・カレルギー伯爵と結婚したのは一八九二年（明治二十五年）十八歳の時であった。高級和風料亭、芝の紅葉館の座敷女中だった光子が如何なる事情でクーデンホーフ伯爵と知り合ったのかは定かでない。当時の言葉でいえば、身分差のある婚姻「卑族結婚」であり、十四歳も年上の駐日代理公使が着任して一カ月もしないうちのスピード結婚という話はあまりにも不自然で、ハインリッヒの若き日の艶聞から推察するに、当初は「現地妻」的な存在だったのかもしれない。

それでも一八九六年（明治二十九年）に、クーデンホーフ伯爵が帰国するまでに、日本で二人の男の子をもうけ、夫とともにヨーロッパに渡って世紀末ウィーンの社交界にデビューした光子の人生は、不思議な運命としか言いようのないものであった。渡欧を前にして宮中に参内した光子に対し、皇后陛下（昭憲皇太后）は「遠い異国に住むとなれば、日本女性の代表としてみられることになろう。大和撫子の本分を忘れぬよう」という令旨を与えたという。光子は最後までこの言葉を忘れなかった。

壮大なウィーンの国立オペラ劇場が完成したのが一八六九年で、おそらく光子は何回もこの劇場にも足を運び、モーツァルトなどを鑑賞したであろう。しかし、光子のウィーン滞在は長くはなかった。夫ハインリッヒが外交官としてのキャリアに見切りをつけ、ボヘミアの自分の領地ロンスペルクに帰る決意をしたためである。一つの見方として、嫉妬心と独占欲が強かったハインリッヒが、妻である「黒い瞳の伯爵夫人」がウィーン社交界の好奇と好色な眼にさらされるのを嫌ったという意見もある。なにしろ十四年間の結婚生活の間に七人の子供を作ったわけで、「ほとんど妊娠と授乳をしていない期間はなかった」という二人の熱愛にはたじろがされる。

ボヘミアのロンスペルク城に落ち着いて十年間、光子は次々と五人の子供を産み、幸福な時間を過ごした。欧州の文化に溶け込むために苦しみながらも、子供の教育に真剣に立ち向かった。しかし、一九〇六年五月、幸福な時間は夫ハインリッヒのあまりにも突然の心臓発作によって奪われてしまう。三十二歳の光子は、異国の地に十三歳を頭に七人の子供を抱え、新しい孤独な人生に挑戦せざるをえなくなった。

「明治の女性の婦道」とでもいうべきか、光子は夫を失って以後、人が変わったように厳格で強い母親となった。資産の管理、子供の教育に対する責任感で、「かつてはやさしくて、忍耐の強かった母は、厳格で専制的になった」と次男リヒャルトは語る(『回想録』)。しかし、いかに光子が思い入れ強く役割を果たそうとしても、子供達にとって父親ハインリッヒが与えた「精神的、思想的刺激」を与えることはできなかったという。ハインリッヒは、四十二歳で哲学博士の試験に合格するほどの向学心の強い人で、学位論文は「ユダヤ人排斥主義の本質」であった。

一九一〇年、光子は長男と次男がウィーンの名門校テレジャヌム・アカデミーに進学したのを機にウィーンへと居を移した。三十六歳であった。以来五年間、光子はウィーン社交界の精華と称えられ華やかに蝶のごとく舞い、名門貴族夫人を演じた。再婚に気持ちが動いた時もあったようだが、故国の父からの「貞婦両夫にまみえず」との儒教的な諭《さと》しを受け入れて、結局は踏み込まなかった。

「日本女性」としての誇り

その後の光子の人生は決して穏やかで恵まれたものとは言えなかった。最も愛し期待もした次男リヒャルトは、十九歳の若さで十三歳も年上の当時の名女優イダ・ローランと駆け落ち同然の結婚、泣いて「勘当・絶縁」ということになった。さらに、欧州大戦の混乱が光子の運命を翻弄した。第一次大戦の戦火を逃れてボヘミアのロンスペルクに戻った光子は、長男ハンスと三男ゲロルフを兵役にとられ、しかも祖国オーストリアの敗戦、国土の四分五裂、クーデンホーフ家の没落という事態に直面する。そして頼みの子供達も、それぞれ母親への「違和感」を抱きつつ光子のもとを去り、ただ一人次女のオルガだけが最後まで光子の傍にとどまった。

第一次大戦によってボヘミアがチェコ領となったため、クーデンホーフ家の資産を失った光子は、オルガとともにウィーン郊外のメドリングの山荘に移り住み、以来一九四一年に六十七歳で死去するまで、世捨て人のような生活を送る。資産を切り売りしながらの侘びしい晩年だったという。

一九二五年に脳卒中に襲われて以来、右半身が麻痺してしまった光子が必死に左手で書いたという遺書が残っている。オルガの献身的看病に報いるために、彼女を唯一の相続人とすること、他の子供達が光子を見捨てたことへの恨み、などが書かれている。しかし、オルガの証言によれば、光子は最後まで「日本の女性」としての誇りを忘れていなかった。光子は一八九六年に故国を離れて以来、再び故国日本の土を踏むことはなかったのだが、最後の時に「私が死んだら日本の国旗に包んで、ハインリッヒの隣に埋葬してね」とオルガに頼んだという。気の毒なことに、何故か光子の希望は今日現在もかなえられることなく、ボヘミアの地に眠る最愛の夫ハインリッヒとは遠く離れたウィーン郊外にひっそりと埋葬されている。

異国の地に孤独な死を迎えた光子の人生を哀れというべきであろうか。私はそうは思わない。子供達が母親から離れ、それぞれの人生へと歩み出していったのは、ある意味では夫の死後、厳しく逞しい自立心を女手ひとつで教え込んだ光子の教育の成果でもあった。そして、その中から欧州を突き動かす思想を生み出した次男リヒャルトが育ったのである。思うにまかせぬ人生だったのかもしれないが、懸命に生きた足跡は立派に残っている。

光子については数々の伝説が残されているが、その代表的なものが「ゲランの香水ミツコは、クーデンホーフ・光子に由来する」というものである。現実には、香水のミツコはクロード・ファレルの小説『戦闘』の主人公に由来するもので、この主人公は「日本人の伯爵夫人ミツコ」という以外は必ずしも光子と共通性はない。ただし、ゲランの潜在意識の中に光子の存在感が二重映しになっていたことは想像される。一九一九年の発売以来ロングセラーを続ける香水ゲランの特色は化学物質を使わず十の自然エッセンスから成るというもので、それは当時の日本および日本女性のイメージに潜在した「自然主義」に基づく「ジャポニスム」を象徴するものでもあった。

「欧州統合の実験」の重要性

光子の次男リヒャルトが『パン・ヨーロッパ』を刊行したのは一九二三年（大正十二年）であった。米国の「合衆国」制をモデルにした欧州連邦制を構想するもので、今日的には目新しさを感じないが、第一次大戦後の世界がW・ウィルソン米大統領が主導する「民族自決」「一民族一国家」という国民国家志向の思潮によって支配されはじめていたなかで、民族を超えた連邦制を構想したところにクーデンホーフの意義があるといえる。

クーデンホーフは「ヨーロッパの衰微の原因は政治的であって生物学的ではない」と論じ、政治分断されたヨーロッパ諸国の協調と連帯が相互利益に繋がることを強調した。そして、関税障壁の排除、共通通貨の創設、軍事と外交政策の統一、利害調整機関の創設などを主張したのみならず、驚くべき行動力で自らのビジョンを実現するための社会的活動を開始したのである。彼の人生はこの活動に捧げられたといえる。

「欧州の統合」などといってみても、根のないところに花は咲かない。この主張が、ハプスブルク帝国の伯爵の血をひくクーデンホーフによって主張されたことに注目したい。ハプスブルク帝国にとって「大欧州」は、空想的理念ではなく歴史的実体だったのである。すなわち、民族主義が歴史の主潮となる以前には、ローマ帝国が四世紀に分裂後もキリスト教を潜在共通項とする系統の中で、欧州の中核としての「神聖ローマ帝国」が十世紀以来十九世紀初めまで存在してきた

「EUの生みの親」というべき
リヒャルト・クーデンホーフ伯

クーデンホーフ・光子の肖像
(「クーデンホーフ光子伝」鹿島出版会刊より)

し、ハプスブルク帝国も、十九人の神聖ローマ皇帝を出すなど、その体制の中で成立してきたのである。

個人的な話だが、私はリヒャルト・クーデンホーフ・カレルギーについて忘れられない思い出がある。私が札幌の高校一年生の頃だから一九六三年、ふとしたことで「欧州の統合」理念を書いた本が鹿島出版会からでていることを知り、あつかましくも翻訳者でもあった鹿島守之助氏（当時鹿島建設会長）に手紙を書き「高校生でお金がないので一冊いただけないか」と頼んでみたところ、ある日大きな小包が届き、クーデンホーフ関係の本がごっそりと届いた。田舎の高校生の頼みを過分なまでに聞き入れてくれたのである。鹿島守之助氏はクーデンホーフの日本への紹介者で、若き外交官としてベルリン駐在時代に面識を得、原本の『パン・ヨーロッパ』発表のわずか三年後の一九二六年（大正十五年）には初訳を日本で出版しているのである。

それらの本は今でも大切にとってあるが、以来、クーデンホーフについては特別の関心を払ってきた。クーデンホーフは一九六七年と一九七〇年、二度来日しているが、特に第二回目の来日時には、早稲田の学生として大隈講堂での記念講演を聞く機会を得た。丁度、「七〇年安保」で大学が荒れていた時期で、クーデンホーフの講演も喧噪のなかであまり話題にならなかったが、遠くからみた彼の俳優ばりの端正な顔立ちと落ち着いた話しぶりが印象に残っている。最後の来日から二年目、一九七二年の七月、リヒャルト・クーデンホーフ伯は死去した。

ＥＥＣ（欧州経済共同体）からＥＣ（欧州共同体）へ、さらにＥＵ（欧州連合）へという歩みをみていると、その原点に立つクーデンホーフの「パン・ヨーロッパ」思想を思い出さざるをえない。今日、欧州統合の動きは世界史的にいって重要である。特に、冷戦後の「唯一の超大国」

として一極支配構造を強める「米国の傲慢さ」を牽制するバランスとして欧州統合の実験は注目される。例えば、九九年からスタートした十一カ国による通貨統合にしても、「唯一の基軸通貨」ドルの世界支配に対する「第二の基軸通貨」としてどこまでユーロが育つのか、実に興味深い。現在、世界各国の外貨準備の構成の約六割強がドルで、欧州各国の通貨が合計で約三割弱、日本円は約五％といわれる。ドルの比重が五割を割るような状況を迎えるのか、日本にとっても欧州通貨統合の成否は他人事ではない。「経済統合」を巡り、日本は、そしてアジアはどうするのか、というテーマを突き付けてくるからである。

第二次大戦後の日本は、対外関係を米国との関係を中心に形成してきたために、欧州に対する関心はあまりにも希薄であった。しかし、今後の米国との関係をいかに再考・再構築するかにおいて、欧州で展開されている「欧州統合の実験」は極めて重要な要素となるであろう。

それにつけても「一粒の麦」という言葉が思いだされる。歴史とは、一粒の麦の連鎖がもたらすドラマの観察ではないのか。光子という一人の明治の日本女性が残していったものに深い感慨を覚えずにはおれない。

ヒットラーの反ユダヤ主義の原点

一九〇〇年、少年ヒットラーはオーストリアに育っていた。一八八九年にオーストリアのブラウナウで生まれたヒットラーは、十一歳のこの年、小学校を卒業し、ウィーン西方百五十キロのリンツの実科学校に進学した。画家になることを志していた彼は、一九〇七年にウィーンの造形美術学校絵画科を受験して失敗、翌一九〇八年の二月から再受験のためウィーンに移住、十八歳からの五年三カ月という最も多感な時期をウィーンで過ごすこととなった。

後年、ヒットラーはウィーンを心底から嫌悪し憎悪した。「この多種族のバビロンの都市を思い出すだけでも胸が悪くなった」(『わが闘争』)と回想しているごとく、ヒットラーのウィーン生活は「挫折と孤独」の時代であった。結局、二回目の造形美術学校の受験にも失敗、下宿を転々としたあげく浮浪者収容所に転がり込むような貧困と屈辱をも経験している。野心とは裏腹の失敗続きの満たされぬ青春時代、その中からヒットラーの思想の基底ともいえる部分が形成されていく。ユダヤとマルクス主義への危機感である。

ユダヤ人街を歩きながら、傲慢さと不安を同居させた青年ヒットラーは「少なくともユダヤ人が関与していない悪徳や不品行が存在するだろうか」と自問し、ユダヤ人への激しい嫌悪感を高めたという。こうしたねじれた設問の対象とされれば、いかなる民族も例外なく悪徳の人種とされてしまうが、彼の被害妄想のごとき反ユダヤ主義は、ウィーンの街で萌芽し、次第に肥大化していった。その意味で、多くのヒットラー研究が検証しているごとく、ウィーンはヒットラーという魔物を育てた培養液であった。

前世紀末から二十世紀の初頭にかけてのウィーンは、正に「多民族混成都市」であった。とりわけ、一八六七年にユダヤ人の居住制限が撤廃されたこともありユダヤ人の流入が続いた。背景には、十九世紀末ロシアでのユダヤ人迫害による東方ユダヤ人の難民としての西方移動があった。一九一〇年のウィーンの人口二百十万人のうち一割近くがユダヤ人となり、それはヨーロッパの他の主要都市には見られない特色だった。ユダヤ人は、金融や商業などのビジネス分野のみならず、医者・弁護士・ジャーナリストなどの知的職業で隠然たる勢力になっていたが、他方、新たに流入した難民の東方ユダヤ人は、不衛生で貧しい生活を余儀なくされ、黒服をきた異様な雰囲気で街中にたむろしていたという。

ユダヤ人のプレゼンスが目立つほど「反ユダヤ主義」が誘発され、ウィーンは反ユダヤ主義の温床ともなっていった。その一つの象徴が、当時のウィーン市長カール・ルエガー（一八四四～一九一〇）の存在であり、彼はドイツ民族主義に傾倒し、「ユダヤ人はオーストリア経済の寄生虫」とする反ユダヤ的扇動を繰り返していた。ヒットラーはこのルエガーに心酔した。後に六百五十万人ともいわれるユダヤ人を虐殺し、ユダヤ民族の抹殺さえ思い詰めたヒットラーの反ユダヤ主義は、ウィーンでの満たされない暗い青年時代に醸成されたことは間違いない。

ウィーン時代のヒットラーに関する研究文献に目を通して痛感するのは、ヒットラーは突然変異の狂人ではなく、あくまでも時代と環境の子だということである。ユダヤ人を隔離して「民族浄化」のために絶滅させるなどという発想も、決してヒットラーの独創ではなく、例えばユダヤ人を劣等民族と決め付け、アーリア人種の保護のためにユダヤ人の去勢や強制排除を主張したアドルフ・ランツなど世紀末ウィーンで活動した「反ユダヤ主義者」の影響を深く受けているのである。その意味でヒットラーは孤独ではない。

あの映画に込められた虚構

オーストリアの歴史を考察するうえで、東京外語大学の増谷英樹教授の著『歴史のなかのウィーン』(日本エディタースクール出版部、一九九三)は示唆的である。その第一章「偽りの過去」において論及されている「サウンド・オブ・ミュージック」の背景分析には少なからず衝撃を受けた。

「サウンド・オブ・ミュージック」といえば、誰もがジュリー・アンドリュースが演じたミュージカル映画を思い出す。一九六五年に制作されたこの映画は、今日でもミュージカルの名作とされ、世界中の子供達が「ドレミの歌」を口ずさんでいるといっても過言ではない。このミュージカルの原作は『トラップ家族合唱団の話』で、著者はマリア・A・トラップ、つまり映画のなかでジュリー・アンドリュースがその役を演じたマリアの「体験実話」ということになっている。

この話のミソは、美しいオーストリアの山岳シーンを背景に繰り広げられるオーストリア人トラップ一家のナチへの抵抗と亡命というところにあり、ナチの軍靴に蹂躙されたオーストリアのである。

悲劇に多くの人の共感を誘う設定になっている。ところが、「オーストリアはヒットラーの最初の犠牲者」という設定こそ途方もない虚構であり、作為であるというのが増谷教授の論点なのである。

歴史的事実として、トラップ大佐は民主的ナチ抵抗者でもなんでもなく、オーストリア・ファシズムのシュシュニック体制の支持者であり、「彼らはナチスとの対抗者であっても、ファシズムへの抵抗者ではありえず、むしろより大きなファシズムへの道を開いた者と位置づけられるべき」というのである。シュシュニック体制とは、第一次大戦後のオーストリアの混乱の中から台頭したキリスト教社会党を中核とする体制で、E・ドルフース首相のナチによる暗殺（一九三四年）という事態を受けて首相に就いたクルト・フォン・シュシュニックが主導した路線である。イタリアのムッソリーニとの同盟によってナチス・ドイツを牽制してオーストリアの自立を守ろうとしたオーストリア流のファシズムであったが、ヒットラーとムッソリーニの接近で足場を失い、結局はドイツへの統合に追い詰められて崩壊した。

すなわち、単にファシズム勢力間の主導権争いにすぎないものを、「反ナチ」というだけでトラップ一家を何時の間にか美化し、オーストリアのナチへの協力という過去を葬るための巧妙な道具として「サウンド・オブ・ミュージック」が利用されたというのである。映画や芸能の鑑賞にはいろいろな在り方があっていい。作品としての芸術性や音楽性を素直に評価すればよいという見方もある。ただ、客観的にいってこの映画が、第二次大戦後のオーストリアがすべての悪をヒットラーとナチに押し付け、自分達があたかも被害者であったかのように振る舞い、中立国としての独立を訴えるための宣伝映画としての性格を持つものだったという一面も否定できない。

確かに、二十世紀のオーストリア史にはある種の「いかがわしさ」がつきまとう。「ナチの最初の被害者」だったというが、一九三八年三月十五日、ウィーンの王宮前の英雄広場に五十万人の群衆が集まって、熱狂的なヒットラー歓迎集会を開いたという事実は否定できない。また、同年四月十日の国民投票において、実に九九・七三％のオーストリア人が賛成してナチス・ドイツへの併合を決めたという事実は、いかに特殊な状況下だったからといって責任を放棄できるものではない。多くのオーストリアの青年は、ナチとともに戦い、ユダヤ人の抹殺に主体的に関与したのである。そしてそれは「ナチの宣伝に乗せられた」からではなく、オーストリアの歴史の中に根深い「反ユダヤ主義」が存在してきたからであり、その火種がナチという新たな火薬に引火したにすぎない。

浮上したワルトハイム問題

クルト・ワルトハイム、一九七一年から十年間も国連事務総長を務めた長身（記録によれば一九三センチメートル）で知的な雰囲気を漂わせた人物を記憶している人も少なくないであろう。七〇年代の国際政治の主役の一人で、中東戦争・石油危機、ベトナム戦争、中国の国連復帰、イラン革命、イラン・イラク戦争などの事態に、国連の最高責任者として指導力を発揮したことが思い出される。

この人物が、退任後の一九八六年、故国オーストリアの大統領選挙に出馬することになって、世界が仰天するような事態が起こった。ワルトハイムは第二次大戦にナチの将校として参戦し、ユダヤ人の虐殺にも関与したという攻撃が始まったのである。一方で、こうした攻撃自体が「国際ユダヤ勢力」の悪意に満ちた中傷であるというワルトハイム擁護論も展開され、約三年間にわたる論争が繰り広げられた。

ワルトハイム問題に触れた様々な文献のなかで、サウス・カロライナ大学のロバート・E・ハーズスタイン教授の“WALDHEIM——The Missing Years”（邦訳『ワルトハイム　消えたファイル』佐藤信行他訳、共同通信社、一九八九）が体系的でバランスのとれた作品といえるであろう。

実は、私はこのハーズスタイン教授と何回か直接会ったことがある。彼は「歴史研究者」ということで、主として欧州近代史を専門にしているのだが、米国のメディア王といわれ、現在のタイム・ワーナー社の創始者、ヘンリー・ルースについての研究書を出版しており、私が『ふたつの「FORTUNE」——1936年の日米関係に何を学ぶか』（ダイヤモンド社、一九九三）を出版するため、「中国で宣教師の子供として生まれたルースが、日米戦争に向かった一九三〇年代の米国の世論を反日・親中国へと導いていった」事実の検証を試みていた頃、重要な示唆を与えてくれたのがハーズスタイン教授であった。

その後、NHKがドキュメンタリー番組として『ふたつのFORTUNE』の映像化を試みてくれた際、証言者として出演し、第二次大戦前後の米国のアジア政策に対するルースの影響力について有益な発言をしてもらった思い出もある。

その彼が、ワルトハイム自身へのインタビューをも含め、徹底して「ワルトハイム」問題を探求したのが前記の作品であり、それによれば、ワルトハイムが「主体的に」ナチのSA（突撃隊）の隊員となり、ドイツ国防軍の下士官としてバルカンのパルチザン掃討作戦に参加し、六万人を虐殺したというコザラ地区作戦などでの「貢献」によって四つもの勲章を与えられるほどの活躍をしたというのは「否定し難い事実」と考えざるをえない。このことは、ワルトハイム自身の意思で設置された「元陸軍中尉クルト・ワルトハイム博士の兵役に関する歴史家委員会」の八八年報告書によっても検証されており、ワルトハイムが「ドイツの戦争遂行機構内で情勢を掌握できる立場にあり、不法行為の遂行状況を熟知し、かつそれに貢献した人物」として認識されている。

オーストリア史の「闇」

懸命に隠し続けようとした過去について、完膚なきまでに暴かれた形のワルトハイムであったが、事態は実に不思議な展開となる。オーストリアの国民の多くは「ナチ支援者という過去」にもかかわらずワルトハイムを支持したのである。一九八六年五月四日、この時点でワルトハイムの経歴についての疑惑が米欧のメディアで大きく取り上げられ、激しい論争が繰り返されていたのだが、オーストリア大統領選挙の第一回投票で、ワルトハイムは四九・六％を獲得、六月八日の決選投票では五三・九％という文句無しの過半数を獲得し、大統領に選出されてしまったのである。

この間のオーストリア人の心理は、ワルトハイムを攻撃するのは「国際ユダヤ勢力の陰謀」であり、ユダヤ人が憎悪のかたまりとなって執拗なまでにワルトハイムの過去にこだわり続けることに「オーストリアへの敵対」を感じ取ったといえる。つまり、今日でもオーストリア国民に潜在する反ユダヤ主義が歪んだナショナリズムとなって顕在化したのである。ワルトハイムをキリストにたとえ、共にユダヤ人によって十字架にかけられたのだと語るものさえいた。

一九八七年、米国の司法省は「ナチ協力者」としてワルトハイムを「監視リスト」に入れ、私用で訪米しようとしたワルトハイムの入国を拒否した。一国の大統領が、米国入国を拒否されるという前代未聞のことが起こったのである。

オーストリアといえば、ヨハン・シュトラウスとモーツァルトなどに代表される音楽の国、美しいドナウと山岳の国、理想的中立国といったイメージが浮かぶのだが、二十世紀のオーストリア史に潜在する「闇」の深さに思い至らざるを得ない。オーストリアが内在させてきた根強い反ユダヤ主義への衝撃ということだけでなく、オーストリアに限らず二十世紀の人間社会が一向に「人種差別」という問題を克服できないでいることへの嘆息に他ならない。社会不安が高まる時、ヒットラーの亡霊はいつでも蘇る準備をしている。

フロイトが二十世紀にもたらしたもの

一九〇〇年、この世紀末の年にジークムント・フロイトの『夢の精神分析』が刊行された。「夢は抑圧された願望の偽装した充足である」とするフロイトの分析と著作は、正に人間の深層理解への地平を拓くものであったが、当時の学界からはほとんど注目されなかった。注目されなかったどころか、世紀末ウィーンのカフェーでは、フロイトの名前は「性の世界」にまで慎みもなく立ち入り、露出させたいかがわしい破廉恥な変人として淫靡な笑いを込めて語られていた。後年、ウィーンに踏み込んだナチは、フロイトの作品を「わいせつ文書」として焼くことを命じた。

今日、フロイトは「精神分析の創始者」として世紀の偉人に名を連ねている。二十世紀にとってのフロイトの意味とは何か。我々はこの問い掛けのなかで改めてフロイトの重み、そして今世紀の一つの断面に気付くのである。

人間観に与えた重大な影響

結局、フロイトとは十九世紀後半の欧州に吹き荒れた「哲学的知性」の探求を人間の心の世界に持ち込んだ人物ということができる。人間は単なる肉体以上の存在であり、意識の底が「本能と良心、衝動と抑圧」の戦場になっているという考え方は、今日でこそ違和感なく受け入れられるが、フロイトが懸命に検証したものであった。病気は身体的症状だけを治療するものではなく、「心的外傷《トラウマ》」を治癒させるものでなければならないという潮流もそうした研究の中から確立されてきたのである。

つまり、フロイトの役割は「無意識」の発見にあり、人間の心の奥にある意識されない世界が何であるかについて科学的知性を持って踏み込んだのである。無意識の存在についての検証と人間意識に複雑に絡み合う「性」という要素の直視は、フロイトの意図を超えて二十世紀における人間観、価値観の形成に重大な影響を与えることとなった。それまで人間の内面の世界は、あくまで宗教や哲学の世界の対象であり、たとえば精神的障害なども「たたり」や「ばち」のテーマとして忌避されてきた。したがって、心の世界に踏み込むことは「神をも畏れぬ」不遜で僭越なこととされ、それはフロイトの歩んだ道の険しさともなった。

彼の研究におけるアプローチに関して特筆すべきことは、その徹底した臨床性にある。一八八六年、三十歳の時に開業してから一九三九年に八十三歳で没するまで、日曜日と夏休みを除いてほぼ毎日、朝八時から夕刻まで市井の開業医として患者の診療にあたり、臨床的実践の中から精神分析に関する理論を経験科学として体系化していったのである。

フロイトは自分自身をも客体化して観察した。そして、自らの無意識の解析の中から抽出した一つの事例が「エディプス・コンプレックス」であった。彼は自らの意識の中に潜在する「優しい母親に対する愛着と厳しい父親に対する敵意」に気付き、そこから「異性の親に対する愛着、同性の親に対する敵意、そしてそうした敵意への自責と罰せられる不安」という三点を中心とする観念の複合体を「エディプス・コンプレックス」と名付けた。

彼自身の父の死は一八九六年に起こった。「一生の中で最も重要な出来事、最も痛切な損失」と彼が表現しているごとく、自らの職業生活に関する鬱々とした不満、世紀末に向かうオーストリアの政治不安状況への苛立ちなど、自分自身の心理的危機の中で迎えた「父の死」は、愛情と畏怖の対象である父を失った喪失感とともに自立と創造への転機でもあった。幼少期におけるエディプス・コンプレックスとその解消の経緯が、性格形成、性的アイデンティティーの確立、神経症の発症などの重要な要素になるという理論はこうした自己観察も契機となって構築されていった。

「フロイトは、自らの中年の危機を臨床を体系化した作品の創造によって克服した」という評価があるが、精神分析から社会論、芸術論に至るフロイトの壮大な作品群を読むと、駆り立てられるように臨床と執筆に向かったフロイトのエネルギーに圧倒される。確かに、世の中の不条理と自らの人生との折り合いに苦闘する「中年の危機」をいかに乗り切るかは、我々の多くが直面する人生の難問であり、フロイトの痛切なまでの研鑽は「自己の存在証明」を求めての知的格闘だったのであろう。

フロイトがもたらしたものは何か

クリントンの意識下には
何が眠っている……

フロイトの学説の中で、私が強く関心を惹かれるのは「集団幻想論」である。「一見、合理主義的な秩序をもつかにみえる近代国家もまた、その深層心理においては、原始共同体と何ら変りのない原始的破壊衝動の抑圧から成り立っている」というフロイトの主張は、第一次大戦の悲劇的大量殺戮という体験を通じ、『集団心理学と自我の分析』（一九二一年刊）として構築された。フロイトは、人間集団が「自己愛的なほれ込みとアイデンティティー」という原始的な無意識心理によって導かれることを明らかにすることで、いかなる集団幻想に対しても自立しうる「個」の確立を主張したかったのである。しかし、二十世紀の歴史はファシズム、そしてナチズムという集団幻想を準備することで、フロイトの期待を無残に打ち砕いた。集団幻想の危険は今日的テーマとして存在し続けている。

「ユダヤ差別」との戦い

ジークムント・フロイトは、一八五六年モラヴィアのフライベルクにユダヤ人の子として生まれた。織物商をしていた父の破産によって、四歳の時にウィーンに移住。教育熱心な母の支えもあり、才気煥発な少年として育った。一八七三年、フロイト十七歳の年にウィーンで万国博覧会が行われたが、両親と見物したフロイトは「リンカーンの演説を訳して両親に聞かせた」という。この年、ウィーン大学の医学部に入学したフロイトは、次第に師であるＥ・ブリュッケ教授の指導の下に、神経系統に関する解剖生理学の研究に没頭した。厳格な実証主義はこの時の経験を通じて身につけていったとされる。

フロイトは極めて優秀な研究者としての実績をあげ始めていたにもかかわらず、助手に任命されなかった。大学の中に根強く存在する「ユダヤ差別」によるものであった。彼はウィーン総合病院のインターンを経て開業医にならざるをえなかった。しかし彼は開業医としての臨床の中から不屈の精神で自分の地歩を固めていった。

フロイトは四十六歳になって、ようやく大学教授の指名を受けたが、友人への手紙の中で屈折した喜びを次のように表現している。「大衆の賞賛の声は私の耳にも届き、祝辞や花束が雨あられと降り注ぐようになりました。まるで、突如として性の役割が国王陛下から公式に認可され、夢の意味が閣議で承認され、ヒステリーの治療法としての精神分析の有効性が、三分の二の多数を得て議会で可決されたような騒ぎです。明らかに私は名誉を回復したのです。おじけづいていた支持者たちも、通りで私に会えば、遠くから挨拶してくれるようになりました」。

現在もウィーンのベルクガッセ十九番地には、フロイト診療室が「フロイト博物館」として残っている。私はこの場所を訪れ、来る日も来る日も臨床に立ち向かい、執筆のため机に向かったフロイトの息づかいを体感した。「人間の心を科学する」ことに関心を持つ人にとって、この場所は聖地である。だが、現実に目撃するのは、フロイトが収集したという高価とも思えぬ古代遺物のコレクションであり、暗く静かな診療室と文献の置かれた書斎にすぎない。古代遺物のコレクションは、単に物好きというだけでなく、絶えず古代からの人類の歴史との関わりの中で思考しようというフロイトの姿勢を象徴するものだという。見学の後、ギフト・ショップでフロイトに関する本を数冊買ったが、その時間をいれても半時間もあれば充分といえるような小さな博物館であった。それでも、想像力を働かせるならば、人間理解を深めるために闘った一人の知的巨人の人生のドラマが見えてくるような場所である。

一九三八年春、ウィーンに入ったナチスは、フロイトの本、財産を没収し、あからさまなフロイト弾圧の挙にでた。「フロイト救出」で国際世論が動いた。アメリカの精神分析の後継者達の支援もあり、ルーズベルト大統領はヒットラーにフロイトの亡命を要請する電報を送った。フロイトが診療した患者でもある駐仏の米国大使W・ブリットはフロイト救出のためパリからウィーンへと飛んだ。やはりフロイトの診療を受けて以来、フロイトの弟子のごとく仕えたナポレオンの血筋をひくマリー・ボナパルト妃もウィーンにきて、フロイトの亡命承認を求めてナチスの将校との交渉にあたった。ナチスは、フロイト釈放の条件として、所得税・出国税などの名目で実に二十五万シリングという恥知らずな身代金を要求した。最初は「オーストリアは私の唯一の故郷です」といって亡命を拒否していたフロイトも、マリー・ボナパルトの説得でイギリスへの亡命を受け入れた。フロイトは同居していた年老いた四人の妹達も一緒に行くことをすすめたが、妹達は故郷を離れることを拒否した。後に、フロイトの四人の妹達はすべてナチスのガス室に送られ、この世を去った。

クリントンの精神分析

ところで、二十世紀末が近づき、冷戦終焉後の世界一の権力者ともいうべき米国大統領の究極のセックス・スキャンダルが表面化した。この話には「古今東西よくある男と女の話」とすることでは済まない恐ろしくも深い闇がある。つまり、クリントンにまつわる女性・麻薬・金銭・徴兵忌避のスキャンダルにも通じることだが、この人物には一切の罪の意識も心の葛藤もなく、「この世には信ずるべき価値など存在しない」かのごとき精神状況にあることが浮き彫りにされている。

人間性は異性との関係に反映されるものだが、クリントンと関わった女性達の証言を注意深く読むと、この男には女性との関わりから生ずるはずの心の葛藤が無い。「不倫」とよばれる関係であっても、情愛とか思いやりとか人間らしいこだわりがあってしかるべきだが、彼に見て取れるのは自己中心の無機性である。動物的といえば動物にも失礼なほどの「無機的な性欲」だけがそこにある。

米国の雑誌「ジャーナル・オブ・サイコヒストリー」（精神史学雑誌）の一九九二年秋季号がクリントンについての興味深い精神分析報告を載せている。米国においては、フロイトの流れの中にある精神分析学者達が、精神政治学（サイコポリティックス）とか精神史学などの分野を発展させ、大統領など有力政治家の幼児期からの生活史を徹底的に解析しているが、その一つの成果としてのクリントンの精神分析は興味深い。

注意をひかれるのは、クリントンが、両親の複雑な異性関係をはじめとする悲惨な幼児体験によって、その場しのぎで葛藤と対決を避けたがる傾向、つまり「ストレスを認識すること自体を抑制する自己防衛の仕方」を身につけてきたと思われるという指摘である。心理学用語でいう「境界型人格」、つまりすぐに変容するカメレオン型のパーソナリティーを有する人物が現在の米国大統領であることは間違いない。

信念と哲学ある指導者を現代社会において望むのは至難かもしれない。とりわけ第二次大戦後のベビーブーマー世代は、日米を問わず「価値破壊世代」としていかなる価値・権威をも相対化させ、自分中心の私生活主義に埋没してきた。これからの指導者に「忍耐と滅私」を期待するのはジョークにも近いことなのかもしれない。それにしても、トラウマを抱えた色情狂とでもいうべき危うい性格の人物に核の発射ボタンを預けているという構図は、想像力を働かせればホラー映画よりも恐ろしい現実である。もしフロイトが生きていたら、クリントンの精神構造についていかなる診断を下すであろうか。

クリムトやマーラーが生き、フロイトが生きた前世紀末ウィーンは、ビクトリア朝的な謹厳で端正な価値の残影をのこしながらも、文化と科学の隆盛とともに、それまで慎み深く隠されてきたものを引き剥がし、白日の下にさらしはじめた。禁欲的厳格主義に反発するがごとく、官能、荒廃、不倫、不道徳、淫乱、あらゆるものが存在した。そして、百年の歴史が経ち、かつて世界のいかなる都市にもなかった「特殊ウィーン的荒廃」は、世界中のいたるところに氾濫している。二十世紀を通じ、世界がウィーン化したのである。

第四章　一九〇〇年　ローマ

熱く長かった「バチカンの二十世紀」

スターリンは豪語したという。「ローマ法王？　いったいその男が何個師団持っているというのだ……」歴史はあまりにも皮肉に満ちている。それから半世紀も経ることなく、スターリンの後継者達は「一個師団も持たないローマ法王」が何であるかを思い知らされることになる。この意味でも、Jonathan Kwitny の近著 "Man of the Century" (一九九七、Little Brown and Company) は興味深い。つまり、タイトルが示唆するごとく、二十世紀を代表する人物を一人挙げるとすれば、ローマ法王ヨハネ＝パウロ二世だというのである。

一九九八年十月十六日、バチカンの聖ピエトロ広場にはパウロ二世の祖国ポーランドから二万人の信者が集り、パウロ二世の在位二十周年を祝福した。「空飛ぶ聖座」とまでいわれるこの人物は、二十年間に実に八十四回の海外訪問を行い、百十五カ国に足跡を残したという。そして、新たに八十一カ国と国交を樹立、バチカンが国交を持つ国は合計百七十一カ国になった。

世界十億人のカソリックの頂点に立つローマ法王によって、二十世紀の歴史は大きく揺さ振られたのである。

共産圏崩壊に果した役割

そもそもは、一九七八年十月にポーランド人の枢機卿カロル・ヴォイティワが二百六十四代目のローマ法王に選出されたことから始まった。その年の夏にパウロ六世が死去し、ヨハネ＝パウロ一世が新法王となったが、わずか一カ月であわただしく世を去り、実に四百五十五年ぶりにイタリア人以外のローマ法王誕生となったのである。

ポーランドは、共産主義政権下にあった時も根強いカソリック国であり、教会はローマ法王庁と連携し、西側世界にアイデンティティーを抱き続ける厄介な存在であった。とりわけ、カロル・ヴォイティワは、出身地クラクフの大司教として、ポーランドの共産主義政権にとってはレジスタンスの「精神的支柱」ともいうべき人物であった。

五十八歳で法王に就任したヨハネ＝パウロ二世（＝カロル・ヴォイティワ）は、精力的に世界を飛び回り始めた。そして一九七九年にはポーランドを訪れ、法王としてアウシュビッツに立ち、人類が犯した過ちを悔いて号泣した後、クラクフで百万人の群衆を前にして「冷戦は永遠に続くものではない。やがて聖霊がやってきて事態を解決するだろう」と述べた。

ポーランドでは、一九八〇年七月、給料の凍結と物資不足に喘ぐ労働者たちが鉄道ストを起こし、鬱積してきたソ連を後ろ盾とする共産党政府の抑圧に対する反発は、レフ・ワレサを指導者とする全国運動へと高まっていった。「連帯」と呼ばれるに至る民主化運動は、知識人、労働者、教会を束ね、その後ろには隠然として法王ヨハネ＝パウロ二世がいた。連帯を「反革命勢力」とみたソ連のブレジネフは、ローマ法王にも圧力をかけ、ポーランド国境線にソ連軍を待機させた。

ワレサの襟元には「黒い聖母」のメダルがあり、法王の肖像が労働者の集会に掲げられていた。一九八一年一月、ソ連の中止を迫る圧力にもかかわらず、ワレサは大歓迎を受けてバチカンを訪問、法王はポーランドの労働者の権利の擁護を宣言し、ワレサが神から遣わされたという姿勢を貫いた。共産圏の一角ポーランドが、静かに崩れ始めた。

時を同じくして、米国にレーガン政権が発足した。ベトナム戦争での敗北後のアメリカを象徴するカーター政権の弱腰を批判し、「悪の帝国・ソ連」と戦う「強いアメリカ」を掲げて登場したレーガン大統領は、鉄のカーテンの亀裂を示し始めたポーランド情勢を見逃さなかった。

父親がカソリックだったこともあり、ローマ法王に親近感を持っていたレーガンは、世界を変える潜在的力がバチカンにあることを期待し、様々な人脈、回路からバチカンに接近を試み、「秘密同盟」といわれるほどの意思疎通を深めていった。

一九八一年の二月から三月にかけて、法王はブレジネフに「ソ連の軍事介入回避」を要請する書簡を送り、「半年間の軍事介入回避を条件にポーランドのゼネスト中止への法王としての協力」などの妥協案を引き出すなど、ポーランド問題におけるカソリックの存在感を際立たせた。その間、ＣＩＡが、法王とレーガン大統領の間をつなぎ、ソ連およびポーランド情勢についての情報交換を続けた。

そして歴史ドラマは一つの銃弾によって新たな展開をもたらされた。一九八一年五月十三日午後、聖ピエトロ広場で一般信者を謁見していたヨハネ＝パウロ二世が狙撃されたのである。腸を二十二センチも摘出するような五時間にわたる手術を受け、法王は一命を取りとめた。弾丸が大動脈から数ミリのところで止まっていたことによる奇跡的生還を知った法王は、聖母マリアが手を添えて弾道を変えてくれたのだと語った。五月十三日が、一九一七年にポルトガルのファティマで子供達の前に聖母マリアが現れ予言を残したという伝説の記念日だったことが思い起こされた。その予言の一つが「ロシアは過ちを世界に広げた後に改心する」というものだったという。聖母信仰の篤い法王は、後に自らの体から摘出された弾丸をポルトガルに運び、ファティマの聖母像の冠に自らの手で差し込むという儀式を行い、聖母マリアへの感謝を表した。

法王を狙撃した犯人アリ・アジャはトルコ人のテロリストだったが、法王は病床から彼を赦した。犯行の背後にはソ連および東側の諜報機関の影が見え隠れしたが、法王は追及しなかった。逆に、この法王の寛大な姿勢が「反宗教的存在としてのソ連および東側」というイメージを決定的に世界に定着させていく力となった。神をも畏れぬ「悪の帝国・ソ連」を攻撃するレーガン大統領の芝居がかった演説のボルテージが上がり、説得力をもってきた。

危機感を深めたポーランド政府は、一九八一年十二月に戒厳令を発令、以後五年間、「連帯」も地下活動を余儀なくされた。この冬の時代において、法王は戒厳令の不当を弾劾し続け、ポーランド改革の火種が絶えてはならないことを短波放送「ラジオ・バチカン」を通じて鼓舞し続けた。一九八三年六月、法王は再び戒厳令下のポーランドに立った。公式には、法王は「連帯」支持を表明しなかったが、法王の存在そのものが「連帯」の存在を示すこととなり、ポーランドの民衆に「冬の時代の終わりの始まり」を確信させることになった。八九年四月、ポーランド政府は「連帯」の合法化を認め、そこから雪崩のような東欧革命が始まった。

東欧革命そして社会主義圏の崩壊を「バチカンと米国の共同による陰謀」とする議論は単純に過ぎるであろう。社会主義そのものの自己矛盾の深化と内部崩壊という要素が見失われてはならないからだ。ただ、それにしてもローマ法王の存在、しかもヨハネ＝パウロ二世がポーランド出身だったという偶然、それらの様々な要素が奔流のようになって歴史の扉を押し広げてしまったという感慨を覚えずにはおれない。

苦境で迎えた二十世紀

二十世紀を迎えようとする時、バチカンは大変な苦境の中にいた。ローマ法王とナポレオンとの虚々実々の確執など、フランス革命以後の十九世紀のローマ法王を巡る歴史も実に面白いのだが、ここでのテーマではない。ただ、ナポレオンによるローマ占領を経て、イタリア人の民族意識が高まり、一八七〇年にイタリアの統一が実現。法王もイタリア国民の一人とされ、法王領を失い、国家の首長としての世俗的権限をすべて失った。法王ピウス九世は、自らを「バチカンの囚人」として宮殿の奥に引き籠もり、イタリア新政府との妥協を拒否した。

十九世紀末から二十世紀にかけての六十年間、一九二九年にムッソリーニとの間で結んだラテラノ条約で皮肉にも復活するまで、ローマ法王は「沈黙の時代」を続けることになった。おりしも人類は、「神は死んだ」という哲学的思潮、そして科学的思考の台頭という潮流の中にあって

「空想の産物」たる宗教は古き時代の遺物として静かな終末を迎えつつあるかの錯覚の中にいた。「進化論」の影響の中で世界を描いていたのである。とりわけ「宗教は阿片だ」として階級闘争を優先させたマルクス主義は、教会の権威の前に立ちはだかる新しい敵となり、多くの若者達はマルクスの理論に惹かれていった。

このことは二十世紀のバチカンの歴史の汚点にも繋がっていく。一九一七年のロシア革命に衝撃を受け、マルクス主義の危険を恐れるあまり、ナチなど全体主義に対して寛大過ぎたという点である。このところ、ヨハネ゠パウロ二世は「ナチによるユダヤ人迫害にカソリック教会が抵抗しなかった」ことなどへの歴史的謝罪を続けている。バチカンによる二十世紀の総括ともいえる動きである。

ただし、バチカンが一切の世俗的権力を失っていた二十世紀初頭の「沈黙の時代」こそ、改めて考察するならば、バチカンの再生にとって大きな意味を持ったことに気付くのである。すなわち、イタリアという地域での政治的権力紛争に関与することの雑念から解放され、バチカンはグローバルな宗教的権威としての存在感を純化させ、むしろ世俗から超然とした精神的・道徳的威信を高めることに成功したのである。この頃のバチカンの主役がレオ十三世（在位一八七八～一九〇三年）であった。

一九二九年になって、ローマ法王はムッソリーニ政権との間にラテラノ条約を結び、今日のバチカンとイタリア政府との関係を確立した。ラテラノ条約は、「法王がローマを首都とするイタリア国家を承認する代わりに、バチカン市国の主権と独立がイタリア政府によって認められる」というもので、これによりバチカンは法王領を放棄する補償として五％の利子付きの国債十億リラと一時金七億五千万リラを得た。ラテラノ条約は「共産主義を恐れるあまりのファシストとの妥協」として批判の対象にされてきたが、この条約によってバチカンは最小限の政治的独立と小さいながらも世界に発信できる「基点」を公式に確保したといえる。

現在、新しい国家観として「バーチャル・ステート（仮想国家）」という考えが芽生え、天然資源の産出力や工業生産力を超えた「目に見えざる財としての技術、情報ソフトウェア、システムなどの付加価値創出力」がこれからの国家の価値を決定付けるとする議論が説得力を持ち始めているが、静かに考えてみれば、バチカンこそ「バーチャル・ステート」の先行モデルという言い方もできる。

二〇〇〇年という大聖年

バチカンは国土面積わずかに四十四ヘクタール、東京の皇居の三分の一以下の世界最小の国家である。人口も約一千三百人にすぎない。しかし、世界百七十一カ国と国交を持ち、大使を交換しており、バチカン市国として国連の議席も保有している。「最大のエスプリを入れる最小の器」という表現もある。バチカン市国政庁とローマ法王庁は分離されており、両方の組織の上にローマ法王が統括者として存在している。

ラテラノ条約直後の一九三一年から始まったラジオ放送「ラジオ・バチカン」は、現在でも三十七カ国語での国境を越えた放送を続けている。インターネットの時代を迎え、バチカンの情報通信戦略もオンライン・ネットワーク化されてきており、バチカンの各種の発表も約八割はインターネット経由で全世界に発信されているという。一九九六年からは独自のホームページも開設されている。

そもそもバチカンとは、十二使徒の一人聖ペテロが紀元一世紀にローマで処刑され、その墓跡に聖ピエトロ大聖堂が建てられたといわれることに権威の起源がある。従って、初代のローマ法王は聖ペテロであり、その継承者であり、イエス・キリストの代理者がローマ法王ということになる。またローマ法王は、全カソリック教会の最高司祭、そしてバチカン市国元首でもある。

今回、この本の取材のためにバチカンを訪れ、聖ピエトロ広場からシスティナ礼拝堂まで、バチカン宮殿の長い回廊を歩き回った。二十世紀のスーパースターとなったヨハネ＝パウロ二世の写真や法王の顔入りのお土産物が至る所で売られ、「聖地」というよりも観光地の風情であった。しかし、それはバチカンの逞しさの現われでもあるのだろう。世界中の都市の一等地に不動産を所有し、巨大な財政基盤を有するというバチカンは、決して過去の遺物ではなく、時代に関わり続けている。

迫りくる「キリスト生誕から二〇〇〇年」という大聖年をひかえ、中世の異端審問からユダヤ差別まで、カソリックの歴史の影の部分を率直に謝罪し、大きな和解の中で新世紀を迎えようと懸命な努力を続けている。バチカンの熱く長い二十世紀が終わろうとしている。

現代も脅かすファシズムの幻影

ワシントンで生活していた頃、パーティーで知り合ったドイツ人が言ったジョークが耳に残る。日本人である私と乾杯しながら、悪戯っぽい笑顔を浮かべての一言。「次はイタリア抜きでやろうぜ……」。今世紀に二度も世界を相手に戦ったドイツからすれば、旗色が悪くなればあっけなく方針転換して放り出すイタリアは、調子はいいがあまりにいいかげんで、同盟相手としては信用できないということになるのか、半分本気のジョークのようだった。

だが、イタリア人と話をすると、「なるほど」とうなるような全く次元の違う歴史認識を聞かされることになる。「我々は自らの手でファシズムを葬り去ったのであり、ドイツや日本のように外国の力で方向を変えたのではない」というのがイタリア人の主張なのである。

イタリアを訪れ、ファシズムの影を求めて三つの広場を訪ねた。ひとかけらもファシズムの痕跡など無く、観光客の姿ばかりが目立つ季節のイタリアを、思索にふけりながら旅した。

ムッソリーニの生と死

サン・セポルクロ広場、ミラノの旧市街にあるこの小さな広場に立つミラノ商工連合の建物で、一九一九年三月二十三日、ムッソリーニは「戦闘ファッシ」を組織した。これがファシスト党の前身である。ファッショという言葉は、ラテン語のファッシス、「束」という語源からきている。この「戦闘ファッシ」に参加した百十八名は、イタリアの第一次大戦への参戦を主張して活動した参戦主義者、革命的サンディカリスト、社会党離脱者、アナーキストや復員軍人など多様な分子によって形成され、その主張は第一次大戦後のイタリアの社会不安を背景に、反政党・反議会・反宗教団体的感情と「塹壕社会主義」的感覚を共通項とするものであった。つまり、明快な主張・政策・綱領を持った党派ではなく、漠然たる不満をエネルギー源とするマイナーな行動主義の運動体であった。

ムッソリーニのファシズム運動は、イタリア北部の都市部を中心に芽生えたが、瞬く間に泡沫的に衰亡するかにみえた。救ったのは「農村ファシズム」であり、社会主義の台頭を恐れた地主・農場経営者・新旧中間層・復員軍人などからなるファシストの暴力行為の嵐であった。この農村ファシズム運動を吸収することで息を吹き返したムッソリーニは、一九二一年五月の総選挙で三十五人のファシスト議員を当選させ、中央政界に登場した。

ファシスト台頭の過程を注視して気付くのは、疲弊しきった既成勢力と代議制秩序の中にいる権力者が、ファシズムの直接的行動・暴力に脅え、ファシズムをなんとか代議制秩序の枠組みに取り込もうとして妥協を重ね、結果的にファシズムの台頭に力を貸す形となったことである。一九二二年、ムッソリーニはファシスト党の党首として早くも政権を獲得、一九二五年にはファシスト独裁体制を確立している。

ヴェネチアのサン・マルコ広場。ここは絶頂期のムッソリーニの足跡の残る場所である。一九三四年六月、かつてナポレオンが「世界で一番美しい広場」といったこの広場を見渡すバルコニーに立ったムッソリーニは、初めてイタリアを訪れたヒットラーを横に、広場を埋め尽くした群集を前に陶酔したように熱弁をふるっていた。この頃、ヒットラーはナチズムの原形であるファシズムの指導者ムッソリーニに対し、尊敬とコンプレックスの入り交じった感情を抱いていたという。初対面のヒットラーが気負いと鬱屈した感情を爆発させるように話すのを聞いたムッソリーニは、「あれは気違いだ」とつぶやいたと記録に残っている。

それから十一年後の一九四五年四月二十九日、ミラノのロレート広場のガソリン・スタンドの屋根の鉄製の梁から四つの死体が逆さ吊りにされた。二十二年間もイタリアを支配した独裁者ムッソリーニの最後だった。一九四三年七月、連合国のシチリア上陸という事態を受け、一度は「大評議会」によって失脚させられたムッソリーニであったが、ヒットラーによって軟禁中を救出され、北部を中心にドイツの傀儡《かいらい》ともいうべき「サロ共和国」を設立、連合国への最後の抗戦を試みようとしたが失敗、パルチザンによって逮捕され処刑されたのである。

ムッソリーニが生まれたのが一八八三年、ロマーニャと呼ばれるイタリア中東部地方にあるプレダッピオという小さな村だった。無神論者で社会主義の活動家として本来の鍛冶屋の仕事に落ち着いて取り組んだことが無い父と、誰からも敬愛された真面目な小学校教師の母の間に生まれたムッソリーニは、九歳の時にサレジオ修道院経営の寄宿学校に入ったが、二年目に「粗野で反抗的な性格により」放校となった。その後、一九〇一年、つまり今世紀を迎えた年に十八歳のムッソリーニはロマーニャの師範学校を卒業し、小学校教師の資格をとるが、教師になる気はなく、一九〇二年からスイスに出奔、二年以上も移民労働者や物乞いまでしての遊学時代を送っている。

ムッソリーニのスイス時代は、多分に伝説化されているが、十九世紀末から今世紀初頭のスイスの雰囲気を吸収し、彼自身の政治人間としての基礎を作ったことは確かである。この頃のスイスは、多くの国から亡命者が流れ込み、国際社会主義やアナーキズムなど過激な政治潮流の中心であった。例えば、レーニンも、ロシア語の革命新聞「イスクラ」(ロシア語で「火花」)をライプチヒで創刊し、ムッソリーニと面談したかは不明だが、正に同じ時期にスイスで生活している。

この頃のムッソリーニは自らを「革命的社会主義者」とし、初期のムッソリーニが書いた多くの論文には、「反王政、反軍国主義、反宗教・反教権」などの考え方が色濃く現れている。それが第一次大戦をめぐる欧州国家間の地殻変動ともいえる駆け引き・戦いを目撃し、自らもイタリアの参戦に血をたぎらせているうちに、急速に「国家主義」的性格を強めていくのである。

ファシズムは民衆の中から

ファシズムの概念規定を「マルクス主義と国民主義の融合体、哲学的には意志論、経済的には開発主義イデオロギー」とするならば、これらはすべてムッソリーニの生き方の曲折の中から形成されてきたことに気付かざるをえない。ムッソリーニ自身が述べているごとく、この人物に深く影響した思想はニーチェであった。決して世紀末の思想家ニーチェの苦悩を本質的に理解していたとは思えないが、ニーチェの「力への意志」や「超人思想」は、ムッソリーニにとって飽くなき権力志向・上昇志向、弱者の否定を正当化する好ましい論理と曲解され、驚くべき自己陶酔と敵対者を抹殺する「積極的ニヒリズム」の思想的支柱となったのである。

『ヒトラー＝ムッソリーニ秘密往復書簡』（大久保昭男訳、草思社、一九九六年）という興味深い本がある。原本は一九四六年にパリで出版されたもので、一九三〇年代に駐ベルリン大使、駐ローマ大使を歴任したフランスの外交官アンドレ・フランソア＝ポンセが巻頭の解説を書いている。

ヒットラーとムッソリーニの書簡は、一九四〇年一月から一九四三年五月までのものが収録されている。一九三九年九月から四五年の五月まで欧州は戦渦の中にあったが、この書簡集はこの期間の二人の指導者の心の動きと位置関係を映し出しているといえる。

つまり、相互に相手を利用しようという駆け引きと奇妙な友情関係、さらには信頼と警戒が入り交じった複雑な交流がみてとれる。二人と面識のあったポンセは、この本の解説の中でヒットラーとムッソリーニについて面白い比較分析をしている。「ヒトラーが直感的知能を持つのに対し、ムッソリーニは演繹的知能を備えている」と述べ、ヒットラーは教養が低く、学習を好まず、ドイツ語以外全くできないのに対し、ムッソリーニは少なくともインテリで、フランス語・ドイツ語・英語を解し、経歴が示すごとくジャーナリストであるとしている。二人の関係は、常にムッソリーニが先輩、目上、師であり、あらゆる意味でナチズムはファシズムの模倣であった。

それが次第にムッソリーニの優位が失われ、一九四三年のフェルトレでの二人の会見で、ムッソリーニが懇請する軍事援助をヒットラーが拒否したことを境に、イタリアにおけるムッソリーニの失墜が始まった。その後、ヒットラーは幽閉されていたムッソリーニをパラシュート部隊で救出することによって友情を示したが、もはやムッソリーニにイタリアを統括する力はなく、傀儡の「サロ共和国」を設立したものの、「ヒトラーの被保護者」というイメージを払拭することはできなかった。

確かに、我々は特異な二人の指導者の邂逅とそれによってもたらされた歴史の災禍に目が奪われがちとなるが、大切な視点として、ヒットラーもムッソリーニも「民衆の声」を背景に民主的手続きを通じて登場してきたことを忘れてはならない。混迷期の民衆の不安と不満を灯油として、それに火をつけるマッチの役割を果たしたのがヒットラーでありムッソリーニであった。彼らには「誰が敵であり、何が問題なのか」につき民衆の琴線に触れるテーマを提示し方向付けする力があったのである。ファシズムは「二十世紀の恥ずべきひとこま」として葬り去られがちだが、このテーマは決して終わってしまったものではない。

インターネット時代ゆえに

大衆民主主義の二十一世紀の様相はどうなるのか。その予兆ともいえる現象を示しているのが米国である。クリントン大統領のセックス・スキャンダルから九八年中間選挙に至る米国の政治状況は、何やら「インターネット時代の大衆民主主義」を予感させるものがある。

注目すべき現象が二つ進行している。一つはオピニオン・リーダーの空洞化である。例えば、ワシントン・ポストもニューヨーク・タイムズもクリントンの不倫疑惑を糾弾し、大統領の辞任を要求した。ニクソンの時代ならば、これらの権威あるメディアの見解は世論形成力を持ち、大統領を追い詰めたはずだが、今回はそうならなかった。

二つは代議制の空洞化である。議会が大統領の弾劾をするのしないのともみ合っても、世論はますます冷却し、大統領も実体不明の「世論の支持」なるものを唯一の頼りに開き直って、不祥事の責任をとろうともしないという事態が進行しているのである。

これら二つの現象の背景にあるものは、インターネット時代の政治、すなわち情報技術革新が政治に与えるインパクトの顕在化であろう。セックス・スキャンダルの独立検察官報告書はインターネットで公表され、一日で三百万件のアクセスがあったという。「生の情報」への直接的アクセスが一段と容易になっていることの象徴である。

かつて、「直接民主主義は集会をして声の届く範囲でのみ可能」とされ、大衆民主主義には「代議制」が必要不可避との認識が定着してきた。そして、代議員が民衆の声を代弁し、時にオピニオン・リーダーとなって民衆を指導するという建前が存在してきた。しかし、情報技術の高度化は、民衆の声を正確に判定・反映する技術的可能性の高まりを予感させ始めた。例えば、指紋や声紋判定技術とオンライン・ネットワークを駆使して、より正確かつ瞬時に「国民の声」を測定することは可能になりつつある。そうした時代到来の予兆の中で、代議制民主主義は新しい意味で存続意義を問われると思われる。その先行モデルが米国の状況なのである。

情報技術を駆使した直接民主主義指向のなかで、「現代の新しいファシズム台頭」の危険はないのか。もちろんムッソリーニやヒットラーが率いた輪郭のはっきりした全体主義運動が再萌芽するとは思わないが、エモーショナルな意思決定をもたらす新種の全体主義が蔓延する可能性は無しとしない。だからこそ代議制を支える代議員やその集合体である政党は、意思決定の質を高めるための装置として機能しなければならないのだが、日本の現状を見ても悲しいほどの劣化が進行しているといわざるをえない。

日本には約七万人の人が国会議員、都道府県議員、市町村議員として飯を食べている。つまり、職業的代議員である。職業としての政治家、つまり代議員が不可欠であるというならば、その正当性を絶えず立証しなければならない。しかし、国民の集団的無意識のなかに、限りなく代議制への軽蔑が進行している。混迷の中での大衆の不安・不満がいつしか「安定・秩序・民族主義」をささやく「笑顔のファシズム」に糾合されていくかもしれない。

ファシズムは二十世紀の徒花ではない。その新たな再生を避ける道は、国民の深い歴史意識であり、思考停止状態からの脱却しかない。

第五章　一九〇〇年　マドリッド

「一八九八年の世代」の知識人たち

二十世紀のスペイン史は謎に満ちている。ピカソが無差別殺戮に抗議して「ゲルニカ」を描き、六万人もの青年たちが世界中から共和国支援の義勇兵となり、文豪ヘミングウェイまでが参画したにもかかわらず、結局、フランコの「反乱軍」が勝利した「スペイン内戦」とは何だったのか。そして、「最後のファシズム体制」といわれたフランコ体制がなぜ第二次大戦後三十年を経た一九七五年まで持ちこたえたのか。

欧州史の中でも特異な光を放っているスペインの二十世紀を再考察していくならば、我々の欧州理解がいかに一面的で表層的なものかを思い知らされる。

しかも、二十世紀のスペイン史は、日本人の意識を超えて、日本の進路にも微妙な影響を与えてきている。例えば、フランコとヒットラーとムッソリーニの微妙な関係が、日本の一九三〇年代の外交に複雑な影響を与え、日本が「戦争への道」を選択していく導線になっているのである。スペインは日本人の欧州理解の死角なのである。

「米西戦争」の敗北によって

二十世紀スペインのすべては「一八九八年」に始まった。一八九八年、スペインは米国との戦争「米西戦争」に敗北した。この戦争によってスペインは決定的に海外植民地を失った。キューバの独立の承認、米国へのプエルトリコとグアム島の割譲、さらには米国へのフィリピンの二千万ドルでの売却が、パリ講和条約によって確認されたのである。

十五世紀末以来の栄光の植民地帝国スペインはそれまでに段階的に後退してきていた。一五八八年の海戦でイギリス海軍に無敵艦隊が敗れ、一七一三年には王位継承戦争を経たユトレヒト条約でジブラルタルをイギリスに割譲、一八二四年の南米アヤクーチョの戦いでの敗北によってキューバ、プエルトリコを除くすべてのラテン・アメリカの独立が確定という経緯を辿るなかで「斜陽の帝国」の色合いを濃くしてきたが、完全に止めを刺されたのが一八九八年の敗北であった。

米西戦争の経緯を見ると、新興の植民地帝国たる米国の野心と衰亡するスペインの国際舞台からの退場の悲哀が二重写しになってくる。一八九八年一月、米国の戦艦メイン号が「米国民保護」を名目に、キューバ独立運動で揺れるハバナ港に派遣された。このメイン号が二月十五日に謎の爆発を起こし沈没した。スペイン軍の機雷によるものと米国は抗議し、米国の世論は硬化、四月二十五日の対スペイン宣戦布告となる。今日の定説では、純粋な事故とされるが、南北戦争（一八六一～六五年）を経て、産業国家として台頭していた米国の拡張主義的野心が、弱体化しつつあったスペインを生け贄にしたといえる展開であった。スペイン海軍の艦船のほとんどが木造船であり、米国の鋼鉄船には全く歯がたたなかった。

この一八九八年の敗北は、スペイン人、とりわけ若い知識人たちに深刻な精神的打撃を与えた。適切な比較ではないかもしれないが、日本の一九四五年の敗戦後の廃墟に立った知識人、「焼跡派」にも通じる心理だった。スペインの栄光と誇りがずたずたにされ、自らの後進性を思い知らされた知識人の中から「九八年の世代」と呼ばれる人たちが登場した。思想家ウナムーノであり、評論家アソリン、詩人マチャード兄弟などが代表格だが、十五歳で九八年を迎えた思想家オルテガ・イ・ガセット、同じく十七歳だったピカソなども、「荒廃した祖国」を強い感受性において受け止めざるをえなかったという意味で、広義の「一八九八年の世代」と呼ぶことができる。

ドン・キホーテへのこだわり

「九八年の世代」の代表格ともいえる思想家ミゲル・デ・ウナムーノ（一八六四～一九三六）は、米西戦争の敗北を三十四歳で迎えた。この時、ウナムーノは「死せよ、ドン・キホーテ！」という論考を発表し、普遍的価値としてのカソリックの宣布を目指して新大陸に盲進してきたスペインをセルバンテスの名作ドン・キホーテに擬《なぞら》えた。

しかしその後、ウナムーノは急速に変質し、一九〇四年に発表した「ドン・キホーテとサンチヨの生涯」においては、ドン・キホーテの狂気と憂愁の中にスペイン精神の本質と不滅の生を見て取り、国民的宗教としてのドン・キホーテ主義への崇敬を掲げたのである。何故三百年も前の一六〇五年に刊行された諧謔小説『ドン・キホーテ』が二十世紀に蘇らねばならないのか。ウナムーノはスペイン再生の指標として、高い精神性と使命感の必要を直感し、次のように語る。

「我々のヒロイズムの精髄は、一冊の嘲笑の作品の中に凝縮されたのだ。一冊の嘲笑の作品の中に、わがスペインのはかない偉大さが永遠化された。一冊の嘲笑の作品の中に、わがスペインの哲学が、真実かつ深遠な唯一の哲学が、要約され凝縮されたのである。人間の形をとったわが民族の魂は、一冊の嘲笑の作品を通じて、生の神秘に満ちた深淵に到達したのである。そしてこの嘲笑にまみれた作品は、いままで書かれたうちでもっとも悲しい物語である。もっとも悲しい物語ではあるが、しかし泣き笑いのうちに救いを、すなわち、現世の隷属状態が我々を陥れているこの哀れむべき思慮分別からの救いを、享受しうるすべての人にとっては、もっとも慰め多き物語でもあるのだ」

ところで、ウナムーノのドン・キホーテ理解は、ミュージカル「ラ・マンチャの男」（一九六五年初演）の基本メッセージとなって我々にも伝えられている。脚本家デイル・ワッサーマンのオリジナルとなっているが、基本思想はウナムーノのドン・キホーテ理解を投影していることは間違いない。私自身、ピーター・オトゥールとソフィア・ローレン主演の映画「ラ・マンチャの男」（一九七二年）を繰り返し観てきたし、ブロードウェイの舞台や松本幸四郎の「ラ・マンチャの男」も何度となく堪能してきた。テーマソングである“THE IMPOSSIBLE DREAM”を「見果てぬ夢」と日本語訳したセンスのずれには、驚きというより怒りさえ覚えるが、このミュ

『大衆の反逆』を著したオルテガ

なぜフランコは生き延びたのか

ージカルの根底を流れる哲学こそ、「名誉と情熱を探求する美学」であり、ウナムーノがスペイン再生に向けて絶叫したテーマであった。

ドン・キホーテにスペイン史的解釈を与えたウナムーノは、「風車を巨人として突撃し、金ダライを栄光の兜と主張するドン・キホーテの狂気」について、「まったくその通りだ、わが主ドン・キホーテよ、その通りなのだ。大声で、それも皆の見ている前で主張したり、おのが生命を賭けて自分の主張を守り通すという不敬な勇気というものは、そのようなものであり、それがあらゆる真理を創り出すのである。物事というものは、信じられれば信じられるほど、それだけより真実のものとなるのであり、そして物事に真実性を与えるのは、知性ではなく意志なのである」と断言する。

こうした激しい精神性は、打ちひしがれた世代が自らを鼓舞する心象風景として理解できるだけでなく、虚弱化した「西欧近代主義」に対する強烈なアンチテーゼとしての光を放ち始めるのである。「西欧近代主義」とは、人間の理性を中心価値とし、合理性という名の下に「能率、効率、利潤」などを探求する思考である。ウナムーノは「発明は彼らに任せておけ」と語ったが、近代化を推進する英国・フランス・ドイツに対し、後進性を際立たせていたスペインの負け惜しみともとれるこの言葉が、魂を奪われた近代人が魂を奪還する思考への基点になっていったのである。

オルテガの「精神の貴族性」

一八八三年生まれのオルテガ・イ・ガセットを「一八九八年の世代」とするのは不自然であるが、早熟なオルテガは、ウナムーノをはじめとする九八年の世代を批判的に摂取しながら知的巨人となっていく。

一九〇九年にオルテガは「ウナムーノとヨーロッパ」と題する小論で、師匠格ともいうべきウナムーノを「エネルギー主義者ではあっても、反啓蒙主義者でしかない」と断罪し、「今スペインに必要なのは、聖ヨハネではなくデカルトであり、ウナムーノの人格主義ではなくオルテガの合理主義である」とまで言い切っている。確かに、オルテガは二十二歳から三年間ドイツに留学、新カント派の哲学を学び、ウナムーノが放つ「熱気」に距離を感じたといえる。しかし、体はヨーロッパ近代の合理主義、民主主義に傾倒しても、オルテガの魂はスペインの騎士の精神に同化する部分を潜在させていたことは間違いない。

一九一四年、最初の書物『ドン・キホーテをめぐる思索』において「意志こそスペインの純正なる能力」と語るオルテガは、ドン・キホーテへのこだわりにおいて、ウナムーノの系統としての彼の本質を現している。「ドン・キホーテは近代の苦悩に打ちひしがれたゴシック様式のキリストであり、純真さと意志を失ってさらに新しい純真さと意志を求めてさまよう、苦悩に満ちた想像力が創造した、われらの町の滑稽なキリストなのだ」という言葉は重い。オルテガの魅力も、意志への志向であり「熱さ」である。

「私は、私とその環境である。そしてもしこの環境を救わないなら、私をも救えない」という感動的な言葉を残したオルテガは、混迷を続けた二十世紀前半のスペインの政治状況に強くコミットした。

一九三〇年、王政から共和制への転機において、「共和国奉仕集団」という政治結社を設立し、王政下のプリモ・デ・リベラ軍事独裁、それに続いたベレンゲル将軍の政権に対し厳しい批判を続け、三一年四月の第二共和制成立への精神的風土を醸成する力となった。第二共和制においては、オルテガは憲法制定議会の議員になるが、間もなく「共和政治のだらしなさ」に失望、新憲法が成立するや議員を直ちに辞任、政治活動の停止を宣言した。あまりにもあっけない知識人への回帰であり、「個人主義への逃避」としてオルテガが批判されてきた点である。

以来、オルテガは政治的には沈黙を続け、一九三六年のスペイン内乱を機にフランスに亡命。さらにパリ、ブエノス・アイレス、リスボンと九年間の亡命生活を経て、第二次大戦後の一九四五年にマドリッドに帰っている。こうしたオルテガの「政治からの距離」という行動をもたらしたものは、つまるところ彼の「精神の貴族性」にあったと思われる。

欧州の近代の欠陥を洞察

いうまでもなく、オルテガの代表作は『大衆の反逆』(一九三〇年)である。エリート主義的大衆社会論の典型として絶えず論議されてきた作品である。オルテガは、二十世紀社会の際立った特色である「社会的勢力の中枢への大衆の台頭」を歴史的現象として明快に取り上げ、ヨーロッパ近代の混迷と病弊の根本に「上級の規範の存在を認めず、エリートの指導を拒否する大衆の存在」を提示した。

彼のいう「大衆」という概念は、所得とか職業階層による区分ではなく、たとえ知識人や科学者でも、精神性が低く、自分の専門性以外には「無知な賢者」でしかない者はもちろん「大衆」とされる。「大衆」は、文明に対する感謝も、それを維持することへの努力も拒否し、その利用を当然の権利と考えている。「高貴さは、権利によってではなく、自己への要求と義務によって定義されるものである」とするオルテガからすれば、大衆の支配は「人類の退廃」であった。

オルテガは間違いなく欧州の近代の欠陥を洞察していた。そして、大衆が民主制を通じてもたらす災禍としての「ファシズム」の危険を察知し、指摘していた。「大衆の支配の下に、国家が、個人と集団を押しつぶし、こうして決定的に未来を不毛にしてしまうのを、恐れないでいられようか」と語り、ムッソリーニが「国家」を掲げて大衆を幻惑し、台頭している事態を解析している。しかし、あまりにも皮肉なことに、オルテガの意識とはべつに、彼の思想はその後のファシズム運動の指導者に示唆を与え、曲解された形で利用されることになる。「創造的少数者としてのエリート」の指導力の重要性、「運命としての国家」を強調することでの統合への誘惑など、これほど都合のよい議論はなかったからだ。

ウナムーノからオルテガへと繋がる時代思想の苦闘を注視する時、私はミュージカル「ラ・マンチャの男」の最後のシーンを思い出す。劇中劇でドン・キホーテを演じてきた主人公セルバンテスが牢獄の階段を登っていく時、心配する仲間に対して、最後のセリフ「私もラ・マンチャの男だ」という。その意味で、ウナムーノもオルテガも、米西戦争の敗北、祖国の没落という民族の心の傷を「精神の崇高性の追求」で鼓舞してきたラ・マンチャの男だったのだと思う。

近代に乗り遅れたスペインにおけるそうした精神性の追求が、「近代の欠落と虚弱性」を見事に言い当てるとともに、皮肉にも、フランコを登場させる暗転への幕間となったのである。

独裁者フランコの二十世紀

独裁者フランシスコ・フランコ＝イ＝バアモンデは、一八九二年にスペイン北西部の港町エル・フェロルで生まれた。つまり、彼が二十世紀を迎えた時は八歳であった。フランコの生家は代々海軍の軍人であり、フランコの男兄弟三人もすべて軍人になっている。フランコ自身も、一九〇七年、十四歳の時にトレドの陸軍歩兵士官学校に入学、一九一〇年には卒業、陸軍歩兵少尉に任官した。フランコの軍歴で驚くのはその昇進の速さである。一九一七年には少佐、一九二五年には弱冠三十二歳で少将に昇進している。どうして昇進が速かったのか。それは彼が軍人生活の大半をスペイン領モロッコで過ごしたためである。

米西戦争に敗れたスペインにとって、モロッコは最後の海外植民地であり、栄光を賭けて死守すべき砦であった。しかし、今世紀に入ってのモロッコは根強い反スペイン暴動に揺さぶられる。一九〇九年のリフ山地での暴動、一九二一年のアブドゥラ・クリムの率いるモロッコ解放軍の反乱（アヌアル事件）はスペインの疲弊を決定付けた。このアヌアル事件の平定に活躍したフランコ少佐は、マスコミによって「モロッコ戦争の英雄」に祭り上げられていく。

スペイン内戦への経緯

一九〇二年、アルフォンソ十三世が十六歳で即位した。十八世紀初頭から続いてきたブルボン王朝の最後の国王であった。アルフォンソ十三世の治世は、一九三一年の第二共和制の成立までの三十年間続くのだが、国王親政といえるのは一九二三年までで、一九二三年からはプリモ・デ・リベラ将軍の独裁時代であった。

一九二九年の世界恐慌の直撃による経済混乱は、リベラ独裁への政治的不満を一気に過熱させた。非合法化され地下活動を続けてきたCNT（全国労働連合）、アナーキスト政党、学生や知識人、カタルーニャ民族主義者などが一斉に反発、リベラは一九三〇年一月、辞任に追い込まれた。国王アルフォンソ十三世は、立憲君主制への復帰を望んでいたが、共和制への流れを止めることはできなかった。三一年四月十二日の統一地方選挙は、王政か共和制かを決める事実上の国民投票となり、結果は「共和派」の勝利となった。

しかし、第二共和制下のスペインも迷走を続ける。同年十二月にはドイツのワイマール憲法を範とし、スペインを「労働者の共和国」と規定する第二共和国憲法が制定されたが、左右両勢力が拮抗対立し、瞬《また》く《た》間に第二共和制の疲弊が進行する。右派は結束を固め、三二年八月のサンフルホ将軍のクーデター未遂事件などで揺さぶりをみせ、三三年十一月の総選挙では、右派勢力が大勝、スペイン独立右翼連合（CEDA）が政権に就く。

左派勢力も危機感を強め、社会主義者やアナーキストの反乱や武装蜂起が相次いだ。左派の革命運動鎮圧の司令官に任命されたのが皮肉にもフランコであり、モロッコ人部隊を動員して、容赦なく左派の指導者、労働者を弾圧・投獄した。

左派の危機感は、三六年一月の「人民戦線協定」を生む。共和派からアナーキストまでが参加した人民戦線は、二月の総選挙に勝利し、世界初の自由主義的人民戦線内閣が成立した。

軍部の暴走を恐れた共和国政府は、危険な将軍達を僻地へと左遷し、フランコもカナリア諸島派遣軍司令官とされたが、この瞬間がスペイン内戦の導火線への点火であった。軍事クーデターは、エミリオ・モラ将軍を指導者として一九三六年七月十七日、モロッコのメリーリャでの軍事蜂起を合図に、スペイン本土の約五十の兵営での反乱として始まった。当初、反乱軍は数日で共和国を崩壊させ軍事政権を樹立できると考えていたが、逆に、マドリッドとバルセロナの二大都市で、武装した市民や労働者によって鎮圧されるという事態となってしまった。そこで反乱軍の手詰まりを打開するために、フランコはドイツとイタリアの支援を得て、最精鋭のモーロ人（北アフリカのイスラム教徒）部隊をスペイン南部に上陸させることに成功する。この作戦は、反乱軍におけるフランコの立場を強め、反乱軍の北進につれてフランコの主導体制が確立されていった。

反乱軍の優勢にもかかわらず、スペイン内戦は二年八カ月にわたる長期戦となる。「マドリッドをファシストの墓場に！」をスローガンに世界中の五十五カ国から四万人の義勇兵と二万人の非戦闘員が共和国支援者としてピレネー山脈を越えた。三六年九月九日、ロンドンに集まった二十七カ国は、スペイン内戦への不干渉委員会を組織した。しかし、表面的には不干渉を建前としながら、ドイツとイタリアは公然とフランコを支援した。ヒットラーはフランコ支援のため一万人の兵力と空軍力を提供し、ムッソリーニは五万人の兵力を投入したという。一方、共和国側を支援したのは「国際旅団」と呼ばれた義勇兵であるが、次第にソ連の指導力が目立ち始め、スターリニスト共産党の策略と粛清が内戦の性格を陰惨なものとし始める。そして一九三九年三月二十八日、共和国の最後の砦マドリッドも陥落、スペイン内戦は終結した。内戦での死者は約三十万人になるとされる。

フランコと日本との接点

日本はスペイン内戦の意味を全く理解していなかった。スペイン内戦に至るスペインの葛藤を理解することもなく、共和国政府の背後には「ソ連共産党の陰謀」が存在するという理解しかないまま、フランコの反政府軍に惹かれていった。フランコと日本の接点において、微妙なきっかけになったのが「満州国承認問題」であった。

満州国が建国宣言をしたのは一九三二年三月一日であったが、この問題についてのリットン報告を経て、孤立した日本は三三年三月に国際連盟を脱退、孤独な焦燥の中で「真珠湾への暴走」を始める。そして、一九三七年十一月六日、日独伊三国防共協定が成立し、ムッソリーニのイタリアが同年の十一月三十日に満州国承認、次いで十二月一日に日本が「フランコ政権」を承認した見返りとして、十二月二日に「フランコ政権」も満州国を承認した。ヒットラーのドイツが満州国を承認したのは翌三八年の二月二十五日であった。

「フランコ政権」と書いたが、実は第一次フランコ「政府」の成立は三八年一月三十日であり、スペイン内乱が終結したのが三九年四月であることを考えるならば、日本がフランコ政権を承認した時点では、まだマドリッドは共和国側に掌握されており、スペイン内乱の帰結は見えなかったはずである。日本外交史にも例がないほどの素早さで、スペイン共和国政府と国交断絶し、フランコの反乱軍を政権として承認したことは、スペイン内乱への不干渉を方針としていた英・仏・米などに驚きと疑念を招いた。

つまり、スペイン内乱を対岸の火事として等閑視してきた日本がいきなり、「反コミンテルン戦線強化」を理由にフランコを支援し始めたわけであり、その背後にはフランコに肩入れしていたヒットラーとムッソリーニの要望と暗黙の圧力があった。

個人的思い出だが、一九七五年十一月、私の最初の海外勤務地ロンドンで、フランコの死を聞いた。「フランコ？　十九世紀の妖怪がまだ生きていたのか」というのが率直な印象であった。その年は、米国がベトナムから敗退した年で、ある意味では「社会主義陣営」が最も輝いていた時代だった。それゆえに、フランコ死去の後、フランコの下で帝王学を教育されてきたファン・カルロス一世が即位したと聞いて、歴史の歯車がスペインだけは逆回転しているのではと感じたものである。ファン・カルロス一世はブルボン王朝最後の国王となったアルフォンソ十三世の孫である。

だが、予想に反しファン・カルロス一世は「民主的改革」を支持し、七八年には「主権在民による立憲君主制」を規定した新憲法が公布された。その後、八二年には社会労働党のゴンサレス政権ができ、八六年にＥＣ（当時）への加盟、九二年バルセロナ・オリンピックを実現し、新憲法の枠内で十三年間の政権を保った。スペインは賢明にフランコ体制と決別したといえる。

新種のファシズムの台頭も

我々はようやくフランコを「歴史」として冷静に評価できる所に立ったのかもしれない。改めてフランコを調べ直して、「何故フランコだけが生き延びたのか」を考えさせられた。気付くのは、フランコという人間の驚嘆すべき「冷静さと慎重さ」である。スペイン人気質とされる単純明快な情熱からすれば、特異とも言うべき落ち着きを際立たせている。一九三六年の決起までにも、何回も軍事クーデターに関与する可能性があったにもかかわらず、フランコは動かなかった。現実を見極め、満を持して動くというのがフランコの行動パターンで、決して冒険主義者ではない。

この冷静なしたたかさにはヒットラーやムッソリーニさえも翻弄された。一九四〇年十月二十三日、フランスを打ち破り、得意の絶頂にあったヒットラーは、スペインとフランス国境のアンダイユでフランコとの会談を持った。ヒットラーは、スペイン内戦への援助の見返りに、スペインの枢軸側での参戦を迫った。フランコは、スペインの内情が戦争どころではないことを淡々と語り、英領ジブラルタルへのドイツによる攻撃・解放は「スペイン人の沽券にかかわる」と強調し続けた。フランコの参戦拒否に幻滅したヒットラーは「フランコと会うくらいなら、歯医者に行って歯を抜くほうがましだ」と言ったという。一九四一年二月十二日、フランコは北イタリアのボルディゲラでムッソリーニとも会談した。ここでもフランコは、内戦期における援助の見返りに経済軍事援助を要請するムッソリーニを巧みにかわし、国内復興優先の姿勢を貫いている。

第二次大戦期を通じ、フランコの絶妙な舵取りは続く。一九四一年六月のドイツのソ連侵攻を受けて、フランコはそれまでの「厳正中立」路線を変更し、「非交戦国」宣言の下に「反共産主義」を旗印とする義勇軍師団「青い旅団」を創設して、五万人からなる部隊をドイツ支援のために東部戦線に派遣する。「青い旅団」は、ドイツの戦況が不利になる中で犠牲を強いられ、連合国側からの撤退要求もあり、一九四三年十月には撤退・解散、フランコは再び「厳正中立」宣言を行う。

第二次大戦をかろうじて生き延びたものの、一九四六年二月に、国際連合は「欧州最後のファシスト国家としてのスペイン排斥決議」を採択、スペインは国際的孤立を迎える。にもかかわらず、その後の東西冷戦構造への移行がスペインの孤立を救う。西側にとって、「反共の闘士フランコ」が新しい意味を持ち始めたのである。国連は一九五〇年、スペイン排斥決議を解除、五三年には米西相互防衛協定が締結され、米国との関係は「基地の貸与の見返りとしての経済援助」という時代を迎えたのである。

フランコにはよく「強運」という評価が付いて回る。確かに、フランコには「信念の人」というほど、政策論や政策理念があるわけではない。内戦期の言動を見ても、目指すべき政治体制や思想を感じさせるものは少ない。あえていえば「反第二共和制」というべきもので、彼にとっての第二共和制は「反スペイン的、反カソリック的、反軍的な悲惨と無秩序と犯罪の温床」であった。つまり、「スペイン、カソリック、軍」をつなぐ価値が、フランコ体制を支える価値であったといえる。

あらゆるファシズム批判を超えてフランコが生き続けた本質的理由は、この「スペイン的なるもの」をフランコ自身が象徴していたからかもしれない。「スペイン的なるもの」とは、一八九八年の米西戦争に敗れ、「太陽の没することのない大帝国の栄光」を失った喪失感に苦闘し続けていた二十世紀初頭のスペインにおいて、国民のアイデンティティー探求が、結局は「民族の精神性」に帰りついたことを意味する。そして、外部勢力の介入が加速したスペイン内戦の悲劇を思い起こす度に、「秩序・統一・忍耐」を訴えるフランコを軸とする内向きの結束へとスペインを向かわせたともいえる。

現代イタリアの知性といわれるウンベルト・エーコの『永遠のファシズム』(一九九八、岩波書店)はファシズムの典型的特徴について示唆的な指摘をしている。その「特徴」を抽出するならば、「①伝統崇拝とモダニズムの拒否、②理性・知性への反発と行動主義志向、③多様性・異質性の排除、④国家・民族へのアイデンティティーの強調、⑤よそ者の陰謀への妄想的被害者意識」となる。つまり、広義のファシズムの共通項は「民族的アイデンティティーの暴力的強調」と凝縮してよかろう。その意味で、グローバリズムが語られる現代においても、いやグローバリズムが古い秩序枠を揺さぶる今日こそ、混迷への焦燥の中から「ナショナリズムへの回帰」が新たなテーマとなりつつあり、新種のファシズムの台頭さえ予感される。二十世紀は「ファシズム」という課題に未だに解答を見出してはいない。

第六章　一九〇〇年　ハーグ

ハーグ国際平和会議の意味

太平洋戦争の後、占領軍は日本の戦争責任を問う「東京裁判」をスタートさせた。戦勝国が報復のために敗戦国を裁くという批判を避けるために、占領軍は裁判の正当性を確立する必要があった。この時、唐突に登場してきたのが「平和に対する罪」という訴因であり、その立証の根拠の一つが「ハーグ平和条約違反」であった。東条英機をはじめ二十八人のA級戦犯とされた人々からすれば、青天の霹靂ともいうべき理由付けであった。

違反とされた事由は、ハーグ平和条約二十三条「敵国または敵軍に属する者を、背信の行為をもって殺傷すること」の禁止が、宣戦布告前の真珠湾攻撃開始に適用されるというものであった。法的制裁効力のない平和条約を持ち出すこと自体、東京裁判の正当性を疑わしめるものであり、世界の戦争史において、宣戦布告の無い軍事行動などは米国自身の行動をも含め、枚挙にいとまがない。にもかかわらず、「日本の卑劣さ」をアピールする上で、この「ハーグ平和条約違反」という説明は一定以上の効果を持った。日本人の記憶の中に、遠い昔の平和会議が蘇ったのである。

一八九九年、オランダのハーグにおいて「国際平和会議」が行われた。歴史の上で最初の政府間の国際平和会議であった。開催を提案したのはロシア皇帝のニコライ二世であり、これをオランダのヴィルヘルミナ女王が受ける形でハーグでの開催となった。会議には二十六カ国が参加、主として欧州の国々であるが、アジアからは日本、清国、タイの三カ国が参加した。その他欧米以外ではトルコとペルシャ、メキシコが参加している。

今日、ハーグに国際司法裁判所が置かれている歴史的背景もこの百年前の国際平和会議の開催であった。戦争と平和を繰り返してきた愚かな人類であるが、少なくとも平和を希求する正気と英知の営みの嚆矢ともいうべき国際会議が行われたのである。しかし、東京裁判でいきなり蘇ったものの、その後の戦後日本人の意識からはこの「ハーグ国際平和会議」はすっかり忘れ去られてきた。

「戦争の二十世紀」への予感

何故ニコライ二世が国際平和会議を呼びかけたのか。これは大きな謎である。このニコライ二世こそ日露戦争時のロシア側の当事者であり、一九一七年のロシア革命によって倒れたロマノフ王朝最後の皇帝である。また、皇太子時代の一八九一年に日本訪問の折、大津で警衛中の巡査津田三蔵に襲われた大津事件の被害者でもあり、何かと日本との縁も深い人物であった。

冷ややかな見方としては、経済的不況によって欧州列強との軍備競争の過剰負担に苦しんでいたロシアの状況を踏まえ、ニコライ二世は軍拡の抑制によるロシアの相対的優位性の確立、とりわけ極東進出への余力確保を狙ったという説明がある。ただ、通説ではジャン・ド・ブロッホの『将来の戦争』（一八九七年刊）を読み、軍事技術の発展と戦争の長期化・総力戦化が戦争関係国の経済を疲弊・破綻させかねないとの危惧を強く感じたためとされている。その意味では、「戦争の世紀」といわれる二十世紀を予感した提案というべきものであった。

「ハーグ国際平和会議」は二回行われた。第一回が一八九九年五月十八日から七月二十九日まで、そして第二回が一九〇七年六月十五日から十月十八日までであった。実は第三回も一九一五年に計画されていたが、一九一四年に勃発していた第一次世界大戦の暗雲が欧州を包み、とても実現できる状態ではなかった。

通常「ハーグ国際平和会議」というと、一九〇七年の第二回会議を指すことが多い。第二回会議は、米国の要請を背景に再びニコライ二世の招請という形で実現した。参加国は四十四カ国で、十八カ国増えたが、その大部分は中南米諸国であった。この会議でも、当初の狙いだった「軍備の制限」については成果をえられなかったが、第一回会議で方向付けられた「国際紛争の平和的処理」や「戦争法規の改善」については進展がみられ、それが今日「ハーグ平和条約」といわれるものになったといえる。また、現在の国際司法裁判所の前身である常設の国際仲裁裁判所の設置を決めたのも、この時であった。

冷静に評価すれば、ハーグ国際平和会議も帝国主義時代の最終局面において、植民地争奪戦争による疲弊を思い知らされた欧州列強が、有利な秩序構築のためにテーブルについたものと総括できるであろう。その後、人類は二度にわたる世界大戦を経験したが、それにも懲りず「イデオロギー対立を背景にした東西冷戦」に半世紀も苦闘を続けた。九〇年代に入ってようやく「冷戦の終焉」を実現したというのに、今度はこれまでイデオロギーの陰に押し込められてきた「民族・人種」の要素が顕在化し、ボスニアやコソボの問題に象徴される悲惨な流血を繰り返している。愚かさと傲慢さは筆舌に尽くし難いものがある。その意味で、二十世紀という戦争の狂気が連続した時代の初頭に、理性を持って戦禍を制御しようという試みがなされたことを記憶しておくべきであろう。

明治の先人の高い問題意識

日本は、ハーグ平和会議に二回とも代表を送った。第一回は日清戦争直後、第二回は日露戦争後という微妙なタイミングであったが、日本はこの会議を欧米列強に伍す重要な会議と認識し、大型の代表団を派遣したようである。第一回は林董《ただす》男爵を特命全権公使として任命し、陸軍は上原勇作大佐、海軍は坂本俊篤大佐が随員として同行している。第二回は特命全権大使に都筑馨六、特命全権公使に佐藤愛麿、副委員に秋山好古陸軍少将、島村速雄海軍少将となっている。眼を惹かれるのは「秋山好古」という名前で、司馬遼太郎の名作『坂の上の雲』の主人公、秋山兄弟の兄で日露戦争の奉天会戦でコサック騎兵と戦い、死の床においても「奉天へ」と叫んだといわれる人物である。その秋山好古が日露戦争後にハーグ平和会議に参加していたというのは驚きであった。

余談だが、ハーグは当時の漢字表記では「海牙」と書く。海牙平和会議という文字が飛び交うと何やら不気味な印象を受ける。このハーグに日本の代表団は立った。第二回会議の都筑大使の代表演説などは、日清・日露という二回の戦争の「悲絶惨絶を経験した日本」の立場から会議の人道的価値を評価し、「戦争に依りて得べき苦労多き一時的の光栄よりも常に悠久なる平和の福祉を尊しとする」べきことを強調しており、心を打つものであった。しかし、建前はともかく、日清・日露と戦勝を重ね、次第に新興の植民地帝国としての意識を高めつつあった日本が、本音の部分では「国益」を押し出しはじめていたことも確かで、それは「強制仲裁裁判所」の設置案に対し、米国などとともに態度を留保したことにも現れている。

今回、ハーグ平和会議を調べるために当時の日本のメディアがこの会議をどのように受け止めていたのかを検索してみたが、印象深かったのは、明治の日本人が新聞人も含めていかに高い問題意識と志を持って国際情勢を睨《にら》んでいたのかという点である。例えば、東京朝日新聞は、第一回ハーグ平和会議にあたり、一八九九年（明治三十二年）六月二日から六月二十日まで、十六回にわたる「厳南生」名での連載「平和会議の由来」を掲載しているが、なかなか読み応えのある記事である。

また第二回ハーグ平和会議にあたっても、同紙は一九〇七年（明治四十年）の四月十日から同年十一月二十一日まで、実に十四回も解説記事を掲載し、平和会議の意義を報道し続けている。もちろんテレビもラジオも無い時代で、国際情報の入手も困難であったと思われる状況において、現在読んでも相当な国際情勢認識を持っており、何よりも視界を広げて国際情勢についていこうという真剣な問題意識が感じられる。

今日、溢れる国際情報の中で、日本人は明治の先人ほどに真摯な問題意識をもって、国際秩序のあり方、日本の進路を考えているであろうか。とりわけ、国際平和を実現し、維持する仕組みについて関心と構想力を傾けているとは、とても思えない。戦後五十年の日米同盟という枠組みに馴れすぎて、固定観念を脱して柔軟な選択肢や構想の中でこの国の安全保障やアジア地域および世界の平和実現のシステムを模索する気迫に欠けているというのが、現代日本人の特色である。この点こそ我々の世代の反省であり、課題である。

平和会議を巡る明治人の議論を新鮮な感動を持って読んだのだが、無論、その議論の限界にも気付かざるをえない。惜しむらくは、日本は世界史のゲームが二十世紀に入り転機を迎えていることに気付かなかった。これは日本近代史を再考する時、常に感じることだが、日本の指導部の歴史観・時代観の浅薄さが、この国の進路を「次の時代のあるべき理念」から遠ざけてきたように思う。既に十九世紀末から二十世紀の初頭にかけて、「ハーグ国際平和会議」のような平和を希求する仕組み造りの動きは始まっていた。帝国主義的専横の時代は終わりつつあった。その後の国際会議や国際連盟設立などの動きの中で、後発途上国の支持を得られる「高い理念性」を日本はついに確立することができず、自ら欧米列強模倣の路線へと迷い込んでいったのである。

「正義の戦争」は存在しない

二十世紀における米国と戦争への関わりを見ていると、この世紀の性格がみえる。十九世紀に米国は三回しか対外戦争をしなかった。そのことを米国自身も誇りに思っていた。一八九三年にシカゴで万国博覧会が開催された時、国際平和大会を開き「平和を実現するための趣意書」を各国政府に送付したという。その主旨は「米国は今世紀中に三回の戦争をしただけである。英国との独立を巡る一八一二年戦争、メキシコとの戦争(一八四六年)、南北戦争(一八六一年)がそれである。合衆国は六千万人の人口だが、養う兵員はわずかに二万五千人にすぎず、この兵員で国内の秩序を維持するだけである。隣国を圧迫せず、相互の安全を保つ。個人の自由と権利を守り、我が国民の品格と自由を希求する真情から発するものであり、統治者が国際関係を紛糾させるような条約を締結しなかったことに基因するものである」となる。

つまり、南北戦争はあくまで内戦であり、この趣意書が出された一八九三年の時点では十九世紀の米国の対外戦争は、英国とメキシコとの二回であったのだが、世紀末の一八九八年、米国はスペインとの米西戦争に踏み切り、遅れてきた植民地帝国としての野心を露出し始めた。ハーグ平和会議を解説した先記の東京朝日新聞(明治三十二年六月十七日付)は、この米国の変質を鋭く指摘し、「今を去る七年前、米国が斯《か》かる趣意書を発しながら、キューバ事件に干渉してスペインと葛藤を起こし遂に開戦してキューバを併合し、フィリッピンを占領し自ら軍備拡張渦中に投ぜざるを得ざるに至りし。騎虎の勢いやむを出づるに出づといへその宣言に矛盾するものといはざるべからず」と述べている。

米西戦争後の米国は、産業力の隆盛とともに「モンロー主義」を捨て、国際問題への関与を深めていく。二十世紀の米国は、二度の大戦も含め、取り憑かれたように戦争にコミットしてきた。特に、第二次大戦後は西側陣営のチャンピオンとして、さらに冷戦後は唯一の超大国として、

「世界の警察官」のような思い入れで戦争を繰り返してきたのである。

興味深い数字がある。米国は十九世紀の三回の対外戦争で四千三百七十八人の兵士を戦死させた。これに対し、二十世紀の米国は、第一次大戦、第二次大戦、朝鮮戦争、ベトナム戦争、湾岸戦争という大きな戦争だけで四十二万六千二百八人を戦死させている。「自由と民主主義」を守るため全体主義や共産主義と戦ってきたという米国の思い込みは、「アメリカの正義」の押し付けとなって世界各地で吹き荒れ、それ自体が紛争の火種に油を注ぐことになっているとさえいえる。昨今のコソボ情勢などはその典型ともいえる例である。

二十世紀を振り返るとき、この世紀の初頭に国際法、国際仲裁裁判所、国際平和条約といった法体系や機構を整備することを探求する「国際主義」が一定の動きをしていたことは注目に値する。その事例がハーグ国際平和会議であった。しかし、その後の歴史は、国家主義やイデオロギー至上主義が近代文明を軍事的に利用することによって「戦争の連鎖」へとのめり込んだ。戦争をする側は、絶えず「正義の戦争」「良い戦争」を語るが、この世に「正義の戦争」など存在しないというのが、二十世紀の戦争史を総括しての最大の教訓である。

第七章　一九〇〇年　サンクト・ペテルブルク

ロシア革命と「明石工作」

ロシア革命をどう評価するのか。私自身、九〇年代に入って三回「赤の広場」に立ったが、エリツィンが率いた昨今の世紀末ロシアの眼を覆うような混迷を目撃していると深く考えさせられる。「二十世紀の総括」にとっても、これは避けることのできないテーマである。それにしても、歴史の評価は難しい。「後世、歴史家の評価を待つ」という表現があるが、いかなる歴史家でも時代を超えて通じる客観的な歴史の評価は至難である。

ロシア革命とは何だったか

一九六七年という年は「ロシア革命五十周年」ということで、様々な形でのロシア革命についての総括がなされた。E・H・カーの『ロシア革命の考察』("1917 Before & After")や、I・ドイッチャーの『ロシア革命五十年――未完の革命』("The Unfinished Revolution 1917―1967")などが相次いで出版された。

読み返してみると、スターリン批判を経たソビエト社会の状況認識を踏まえながら、人類史の実験としてのソビエトの可能性に希望を残した表現にでくわす。「近代的革命のうちで、半世紀も続いたものはひとつもなかった」とI・ドイッチャーは述べ、「ロシアがロマノフ王朝を、ただもう一度打倒するためだけにでも、呼び戻すだろうなどということは、考えることもできない」と論じている。E・H・カーは、レーニンが『国家と革命』の中で夢想した「革命の成熟段階で、国家の強制機能が衰退し、隷属と強制の無い共同生活が実現できる」という局面には程遠いことを冷静に認識しながらも、「歴史の偉大な転換点」としてのロシア革命を総括しようとしていた。

誰も、ソ連邦がそれからわずか二十数年後に崩壊の危機に直面するとは思いもしなかった。その頃、「社会主義」はまだ光を失っていなかった。それどころか、一九五七年の革命四十周年には、世界初の人工衛星スプートニクの打ち上げに成功、ソ連の科学技術の水準の高さを印象付けた。工業生産力の拡大も目を見張るものとされ、「革命後三十年で半文盲の農民国家から世界第二位の工業国へと変身」させた効率的生産力の拡大は、ソ連社会主義の有効性を証明するものと説明されていた。「社会主義とは電化とソヴィエト権力である」とレーニンは言い切ったが、「上からの工業化=近代化」としてのソ連社会主義は、後にそれが幻想と虚構にみちたものであることを露呈したとはいえ、少なくともこの時点では一定の敬意と期待を集めていたのである。

一九〇〇年十二月、正に歴史が二十世紀に踏み込もうとしていた時、その二年前に設立されたロシア社会民主労働党、後のロシア共産党は、機関紙「イスクラ」（ロシア語で「火花」）をドイツのライプチヒで創刊した。その創刊号に、反ツァーリズム活動の罪で五年の服役を終えたばかりのウラジミール・イリイチ・ウリヤーノフは、「レーニン」というペンネームで「われわれの運動の緊急な課題」を寄稿した。ロシア革命の指導者レーニンの表舞台への登場であった。十九世紀末から一九一七年の十月革命まで、ロシア革命に向けての様々なセクトによる運動は、「時代思潮」として燎原の火のごとく欧州を覆いはじめていた。

その時代潮流と日本との接点の中で様々なドラマが生まれた。その一つが「明石工作」であり、ロシア革命に関わった一人の日本軍人の物語である。思えば「日本近代史」にとってロシアは苦悩のテーマであった。この国の暗黙の圧力とこの国との葛藤が、日本近代史の底を流れ続けてきた緊張感とさえいえるのである。

「明石工作」の真実とは

今世紀初頭の欧州を舞台に、ロシア革命を誘発すべく反ツァー運動を支援する諜報・謀略工作を展開した日本軍人がいた。陸軍大佐明石元二郎である。「明石工作」については、司馬遼太郎の『坂の上の雲』や水木楊の『動乱はわが掌中にあり』などの歴史小説の素材にもされ、「日露戦争を勝利に導いた隠された要因」として裏面史好きの歴史愛好家の間では伝説となってきた。それどころか戦前の陸軍大学では、教材『機密日露戦史』（谷壽夫著）において「明石工作」が取り上げられ、偉大な成功談として明石元二郎の活躍が語り継がれていたという。

この「明石工作」の真実を執拗なまでに探求しているのが東洋英和女学院短期大学の稲葉千晴教授であり、『明石工作――謀略の日露戦争』（丸善ライブラリー）は、ソ連崩壊後の公開情報をも丹念に当たり、現時点で入手できる資料に基づき事実関係の検証を尽くした労作である。おそらくこの作品によって謎に満ちた「明石工作」の全貌がほぼ解明されたと思えるほどである。稲葉教授の研究をベースに「明石工作」を総括しておきたい。

明石元二郎は一八六四年（元治元年）福岡藩士の次男として生まれた。陸軍幼年学校から陸軍士官学校、陸軍大学と進学したエリート軍人であった。九四年にはドイツに留学、欧州派としてのスタートを切る。一九〇一年一月からは、駐フランス公使館付陸軍武官となり、以後五年間、日露戦争期のヨーロッパを舞台に活躍する。明石がペテルブルクに駐ロシア公使館付武官として着任したのは、一九〇二年十一月であった。かの「軍神」広瀬武夫が五年間のロシアでの海軍駐在武官の任務を終えて帰国したのが一九〇二年三月であり、日露戦争の英雄二人はすれ違ったことになる。

一九〇四年二月、日露戦争が勃発すると、ペテルブルクの日本公使館は閉鎖され、ベルリンへ引き揚げた。明石は参謀本部直属のヨーロッパ駐在参謀を命じられ、最初はストックホルムを拠点として活動していたが、以後ベルリン、ジュネーブ、ロンドン、パリなどを舞台に対ロシア諜報・謀略活動に従事した。明石は現在の価値で約八十億円に相当するといわれる百万円もの工作資金を参謀本部から調達し、ロシアについての情報を収集するだけでなく、反ツァー勢力に活動資金を提供し、武器援助と破壊工作を試みた。

明石の欧州での諜報活動を知れば知るほど、一人の軍人が「よくぞこれほどまでに」と思われるほど、スパイ小説も顔負けの暗躍をしていることに驚かされる。明石は、まずロシアにおける諜報網の構築に力を注ぎ、ロシア軍将校だけでなく数名の情報提供者を確保し、シベリア鉄道の輸送量の調査などに当たらせている。また、フィンランドやポーランドの反ツァー抵抗運動との連帯、スウェーデン陸軍参謀本部との協力関係の確立など、ロシアを取り囲む周辺地域の反ロシア勢力に果敢にアプローチした。

当時、ロシア帝国内の被支配民族の中からは、ロシアの圧政と「ロシア化政策」に対し民族主義的反発が高まり、抵抗運動という形をみせはじめていた。ロシア帝国内部の騒擾と動揺を狙い、フィンランドやポーランドの反ロシア勢力と連携しようとした明石の着眼は見事だった。そして現実に、一九〇四年の九月には、ポーランド、フィンランド、アルメニア、グルジア、ラトビアなどからの八つの党派の参加をえて、パリで反ツァー抵抗諸党連合会議を開かせ、背後でそのための資金援助を行った。

ポーランドの国民同盟、社会党はそれぞれ立場は異なるがロシアからの民族独立を目指し、同じくロシアとの対決を強めていた日本への接近を図っていた。一九〇四年には国民同盟のドモフスキと社会党のピウスツキが相次いで来日、参謀本部や外務省と接触し、極東ロシア軍に配置されたポーランド兵士の集団投降やシベリア鉄道破壊工作への協力を討議した。こうした動きに深く関与したのが明石であった。

また、明石は一九〇五年一月のペテルブルクにおける「血の日曜日」事件を受けて、さらなる動乱を実現する好機と判断し、フィンランドの反ロシア抵抗勢力と協力してロシアの反ツァー勢力への大量の武器供与を計画、亡命フィンランド人コンニ・シリアスクを協力者として、ペテルブルク武装蜂起を狙って輸送船と陸揚げ船まで購入、実際に武器を調達して一九〇五年七月から十一月にかけてストックホルムやヘルシンキに運び込む試みがなされた。結局は、事故や受け入れ態勢の不備によって、明石の意図どおりにはならず、同年八月から始まったポーツマス講和会議の終結（同年九月五日）に向けてのアシスト・ショットにはならなかったが、「明石工作」が当時の欧州における反ロシア勢力を力づけ、反ツァー抵抗諸党の有力な資金源になったことは間違いない。

明石は参謀本部の指示・了解の下に諜報活動を展開したわけだが、「明石工作」を指示した中心人物は児玉源太郎参謀本部次長（後の満州軍総参謀長）であった。莫大な工作費を捻出して明石の活動を支えたわけで、日露戦争における欧州からの後方攪乱の可能性を信じたわけである。

他方、「明石工作」に対し冷静かつ批判的だったのが外相小村寿太郎であった。小村も欧州におけるロシア関連の情報活動には積極的であったが、ロシア反体制勢力に資金援助までして武装蜂起に協力するなどという「賭け」には消極的であった。効果に対する疑問だけではなく欧州諸国の日本への警戒心・不信感を醸成することへの懸念であった。この対立の経緯を注視してみると、単に「軍部対外務省」という宿命の構図ではなく、明治期日本の国策に関与した人達の間に飛び散る「国の在り方」についての真剣な火花に圧倒される。

監視されていた日本の活動

明石元二郎という人物は、諜報という特殊な分野で実績を挙げた軍歴としては異例ともいえる昇進をしている。欧州からの帰国後、陸軍少将として朝鮮に派遣され、「日韓併合」後は「朝鮮総督憲兵隊司令官」として反日抵抗運動の弾圧に当った。その後は参謀次長、第六師団長（熊本）、台湾総督となり、陸軍大将の位も授かったが、一九一九年に五十五歳で他界している。大将に上り詰めても、「明石工作」の伝説のなかで明石元二郎は「明石大佐」のままである。

「明石工作」が、実際にどの程度の直接的効果をあげたかは疑問といわざるをえない。「反ロシア」「反ツァー」の亡命者達の金づるとして利用されただけという評価もある。また、後の一九一七年のロシア革命の主役となってくるボルシェビキ系の勢力を巻き込むことはほとんどできなかったことも事実である。無論、レーニンとの面識はなく、レーニンが明石から資金援助を受けたなどというのは空虚な俗説にすぎない。ただし、少なくとも一九〇四年九月のパリ会議、一九〇五年四月のジュネーブ会議と二回にわたる反ツァー抵抗諸党会議を実現、ロシア帝政打倒の気運を醸成する上では「一定の役割」を果たしたとはいえるであろう。

驚くのは、こうした明石の欧州における諜報活動や煽動工作はロシアの治安対策組織、警察庁特務部や対外情報局によって正確に掌握、監視されていたことである。先記の稲葉教授の研究によれば、ロシアの治安当局は克明に明石の動きを監視していたのみならず、フランス警察庁の協力を得てパリの日本公使館からでているほとんどすべての暗号電信を入手していたという。

背景には、当時の露仏間の同盟関係があり、日英同盟への対抗という構図が存在していたことがうかがえる。フランス警察庁は一九〇四年に暗号解読課を発足させ、日露戦争が終わるまで日本の暗号電信はほとんどが解読されてロシア側に渡されたという。バルチック艦隊の動向に関する欧州から発信した情報もほとんどロシア側の手に渡っていたということである。

日露戦争を巡る国際情報戦争において、決して日本が優位だったわけではないことを認識させられる話であり、「明石工作」もあまり誇張されてはならないことを思い知らされる。ただ、国益概念が消失し、国家の存亡を賭けた情報戦略への感度が希薄化した今日の日本を考えるならば、明石の時代の日本人が見せた情報戦争への張り詰めたような問題意識と行動力には電撃にも近い感動を覚える。

今日、自国の利害のために他国の内乱を誘発するような諜報活動が正当化される時代ではないが、冷厳な国際関係の中で国の安全保障に関わる情報活動はどうあるべきか、明治期の先人の足跡は示唆的である。強く示唆されることは、サロンで教養を深めるタイプの国際情報収集をいかに続けても、決して情報の密度は深まらないということであり、国際情報活動は「問題解決指向型、目的意識型」でなければならない、ということである。軍事オタクや地域専門家は、現象の解説はできても「事態を転換、改善する構想」には展開できない。「明石工作」はある意味ではうらやましいほど明確な国家目的を共有することのできる活動であったわけだが、我々の国際情報への関心にも「目的意識」を鮮明にする努力が求められるのである。

百年前の欧州で、ロシア革命への潮流が渦巻く中を、日本国の存亡を背負って走り抜けた男がいた。それはやはり壮大なロマンである。

広瀬武夫が見たものは何か

日露戦争（一九〇四〜五年）、そして一九一七年のロシア革命に向かう十九世紀末から二十世紀初頭のロシアは、「ロマノフ王朝による強権的専制政治と工業化の遅れた欧州の後進国」というイメージで捉えられがちだが、現実は列強の一員として強大な海軍力を蓄えつつあり、急速に工業化を進めていた。ニコライ二世の尊大ともいえる姿勢も決して虚勢だけではなかった。

　この時代のロシアの立役者はセルゲイ・ウィッテ（一八四九〜一九一五）であった。アレクサンドル三世（在位一八八一〜九四）の時代から一九〇三年まで大蔵大臣を務め、一九〇三年からは閣僚委員会議長、一九〇五年からは半年間首相であった。日露戦争からポーツマス講和会議においても、ロシアを代表する存在がウィッテであった。「粗野で威圧的」との評価もあるが、物理数学を専攻したというウィッテは、かつての日本の大蔵省、通産省、外務省をすべて統括するような権限を有し、強力に「ロシアの富国強兵、殖産興業」を推進した。

ウィッテは外資の導入によって重化学工業化を進めた。スウェーデンのノーベル、ドイツのジーメンス、国際金融資本ロスチャイルドなどの対ロシア投資が目立った。また、英国のヒューズは南ロシアのドンバスを中心に「新ロシア会社」を設立、ロシアの鉄鋼産業を牽引した。

こうした工業化を背景に、軍事力の増強がはかられ、例えば、日露戦争開戦時の陸軍兵力では機関銃などの「近代火器・火砲」を装備した百十四万人の常備軍（予備役も合せ三百五十万人）を有し、常備軍二十万人の日本を圧倒していた。

海軍力でも総排水量五十一万トンと日本の二十六万トンの二倍であった。日本の主力艦は六隻の戦艦をはじめとしてほとんどが英国製であり、横須賀、佐世保の造船所で建造した自前の船はわずかな小艦のみであった。戦費の調達さえ外債依存であり、最終戦費十九億九千万円のうち実に三五％は外債によって賄われた。外債の多くは、ロスチャイルドをはじめとするユダヤ系国際金融業者が「ロシアにおけるユダヤ人抑圧への反発」もあって買い支えてくれた。

義和団事件以降、欧州列強の中国への領土的野心に触発されるように、ロシアも満州・朝鮮への野望を露骨に示しはじめ、内相プレーヴェが「国内の革命的状況を阻止するためには、ちょっとした対外的勝利が必要なのだ」と発言したごとく、極東の小国日本をみくびった判断が、ウィッテ等の慎重論を抑え込み、ニコライ二世の主戦論を誘導した。日本も、ロシアが極東地域に展開できる兵力には限界があると判断し、「陸軍二十万人が限度」と試算していたが、実際に奉天会戦でロシアが投入してきた兵力は三十二万人（日本は二十五万人）であった。また、海軍も、黒海艦隊こそ国際条約でボスポラス海峡を通過できず投入されなかったが、バルチック艦隊が極東に回航されてきたわけで、強大なロシアとの「死力を尽くした戦い」に明治期日本人は果敢に対峙していったのである。

明治期の青年のエートス

「軍神広瀬」といっても、現在の日本の若者はほとんど何も知らない。広瀬武夫、海軍少佐。日露戦争開戦後、旅順港内に艦隊温存のため立て籠もったロシアの旅順艦隊を封じ込める目的で、老朽化した海軍運送船を沈没させて湾口を閉塞する作戦に参加。行方不明になった部下である杉野孫七上等兵曹を探すためカッターへの退去が遅れ、ロシア軍の砲弾の直撃を受けて壮絶な最期をとげた。有名な「杉野はいずこ」の主人公である。

この広瀬武夫は、単に軍国日本が作り上げた「軍神神話」の虚像ではなく、明治期の日本の青年のエートスを象徴するような人物であった。彼は、一八九七年六月から五年間、海軍留学生・駐在武官としてロシアに学んだ。広瀬のロシアにおける生活と活動を追った秀作が、島田謹二の『ロシヤにおける広瀬武夫』（朝日新聞社）である。歴史研究というよりも、史実に基づく歴史小説というべき薫りの高い作品であり、読者は事実の積み上げのなかで青年広瀬の息遣いまでを感じ取ることができる。

広瀬武夫は幕末の最後の年に豊後竹田（大分県）に生まれた。父は維新後に裁判官となり、父の赴任地であった飛驒高山で少年時代を過ごし、海軍兵学校に進んだ。兵学校の卒業席次は八十人中六十四位というから秀才ではなかったが、さっぱりとした気性のスポーツマンで、特に柔道については講道館四段の猛者として名を轟かしていた。その彼が「ロシア」に関心を寄せ始めたのは、一八九一年の大津におけるロシア皇太子襲撃事件だったという。彼は真剣にロシア語を学び始めた。

一八九七年に広瀬の夢がかなってロシアへの海軍留学生となった時、同時に米国への留学生となったのが、かの『坂の上の雲』の主人公の秋山真之であった。秋山と広瀬は不思議な縁で結ばれており、秋山の高輪の家で雑煮の食べ競べをして、二十一杯を平らげた広瀬に軍配があがったという。この年九月、サンクト・ペテルブルクに到着した広瀬は精力的に活動を開始した。

前年の一八九六年五月にロマノフ王朝最後の皇帝ニコライ二世の戴冠式が行われたのだが、何やら不幸な運命を暗示するかのごとき血塗られたスタートであった。五月十八日にモスクワ・ホディンカ広場で行われた一般向け祝典で惨事が起きた。五十万人の群集が記念品配布に殺到、千三百五十人が踏みつけられて死亡したのである。気の毒ともいえるのがニコライ二世で、その夜に行われたフランス大使主催の舞踏会に、とても出席する気になれないというのに、儀礼のためと説得されてしぶしぶ出席したところ、「国民の不幸にも無関心で無情な青年君主」というイメージが流布され、ツァー専制に反発する勢力にさんざん利用されることになってしまった。

広瀬のロシア駐在は、ロシア革命で惨殺されることになるニコライ二世の二十年にわたる治世の最初の六年間にあたっており、一九〇四年に始まる日露戦争、一九〇五年の「血の日曜日」(第一次革命)へと繋がるロマノフ王朝の「終わりの始まり」ともいうべき時期であった。

ロシア海軍研究に集中

ロシアでの広瀬の生活は、最初は語学の習得を中心に単調そのもので、朝五時に起きてから寝

「日本最大のスパイ」明石元二郎

日英同盟の推進者・小村寿太郎

「日本の騎士」広瀬武夫

るまで「食う、習う、語る、歩く」の繰り返しだったという。若い日の海外研修生生活は、祖国の人間関係から解放されて極端な自由と孤独を味わい尽くすのが常で、その中から何を摑み取るかが鍵となる。大概、海外での孤独もあって特定の日本人とやたらに親しくなるもので、広瀬の場合、先輩の海軍武官八代六郎少佐がその相手だった。八代は大変なロシア研究家で、広瀬は八代と行動を共にしながらあらゆる意味で影響を受けた。最初の一年数カ月の間、八代のアパートで共同生活をし、議論を繰り返したり深夜まで囲碁をしながら、八代のロシア研究を吸収した。

ロシア滞在三年目のあたりから、広瀬のロシア理解は一段と深まり、ロシアおよびロシア周辺の国を精力的に調査旅行している。ポーランド、バルト海沿岸、フィンランド、中部・南部ロシア、クリミアなどを訪れた記録が残っている。もちろん、ペテルブルク海軍工廠をはじめ造船所は十数回以上も見学しており、ロシア海軍の研究については驚嘆すべき集中力をみせている。

ところで、この本の冒頭のテーマは「一九〇〇年 パリ万国博覧会を訪れた日本人」ということで、秋山真之の欧州調査旅行を題材としたが、この旅行にロシアから参加したのが広瀬武夫だった。広瀬は、一九〇〇年三月三十一日にサンクト・ペテルブルクを出発して、ワルシャワ、ベルリン、ロンドンと回り、以後六月十六日に帰任するまで、秋山とともに欧州の軍事情勢を見て回ったのである。この時の報告書が「一九〇〇年パリ博覧会ロシヤ海軍出品」として残っているが、広瀬がいかに強い使命感をもってロシア海軍を研究していたのかを思わせる凝縮された報告書である。

広瀬は武骨一途の軍人というだけではなかった。「流星のごとく瞬《また》いたロシア乙女との恋」といわれる艶《つや》やかな話も残している。ロシアでの生活が長くなるにつれて、広瀬はロシアの上流層の人達との交流を深めていく。その中での出会いが貴族の令嬢アリアズナ・ウラジーミロヴナ・コヴァレフスカヤとの恋であった。広瀬は女性に関しては奥手で、実直で誠実であった。三十三歳の広瀬の使命感に満ちた生き方と抑制された男の強さに十八歳のアリアズナが魅きつけられた。風雲急をつげる日露関係のなかで、急遽帰国命令のでた広瀬はシベリア経由での帰国を決め、一九〇二年一月サンクト・ペテルブルクを発つのだが、アリアズナからAというイニシャル入りの銀時計をもらっての涙の別れのシーンは、島田謹二の前掲書の圧巻ともいえる。

広瀬武夫という人物は余程人間的魅力の溢れる人だったらしく、広瀬が旅順港外で戦死したとの報を聞いたロシアの知人の多くは涙に濡れたという。広瀬の親族にあてたロシアからの手紙も残っており、広瀬が慈愛と純潔に満ちた「日本の騎士」とも言うべき魅力を放っていたことが容易に想像される。

広瀬が二カ月かけてシベリア経由で帰国する途中、日本は日英同盟に踏み切る。「ロシアを敵視する同盟」に踏み切った日本に対するロシア人の感情が明らかに悪化していくのを実感しながらシベリア横断の旅を続け、日露開戦の二年前の春三月、広瀬は東京に帰着したのである。

小村寿太郎の存在の大きさ

広瀬武夫を、明治という時代の一隅を支えた青年とするならば、日露戦争を挟む困難な状況を体系的に掌握し、日本を代表して戦った小村寿太郎の存在の大きさに気付かざるをえない。この時代についての文献を追ってみて、至る所で見え隠れするのが小村寿太郎という名前である。

一八九八年十一月、小村は外務次官から駐米特命全権公使としてワシントンに赴任した。米西戦争の直後であり、ワシントンには日本公使館付海軍留学生として秋山真之がいた時期である。新興の植民地帝国としての米国の台頭を体感した後、一九〇〇年の二月には駐露公使としてサンクト・ペテルブルクに赴任している。のちにポーツマス講和会議の交渉相手となる蔵相ウィッテとも面識を得、世紀末のロシアを自らの眼で目撃する。わずか十カ月のロシア駐在であったが、この時、公使館には広瀬武夫が海軍留学生として活動していた。前述の広瀬の三カ月にわたる欧州調査旅行の報告を聞いたのも小村公使だった。

この後、小村寿太郎は一九〇〇年十二月に帰国、即日、駐清国公使として発令され、一九〇一年一月には北京に着任、義和団事件処理の列国会議に臨む。当時の国際社会での位置づけからすれば、日本が列国の一員に遇せられることさえ危うい中で、小村は実に堂々と会議に参画したとの記録がある。その年の九月からは外務大臣として帰国、「日英同盟」の実現に力を尽す。それからが日露戦争を巡る疾風怒濤の時期であり、小村寿太郎は十九世紀末から二十世紀初頭の日本外交を継続的、かつ体系的に支えたのである。

驚くべきは、時代の所産とはいえ、一人の人物が、米国、ロシア、中国という国の公使としての体験を短期集中的に積み重ねたことであり、この体験を踏まえた世界認識がなければ構想しえなかったであろう「日英同盟」「ポーツマス条約」に至る総合戦略が奇跡的ともいえるほど展開できたことである。外交の体系性にとって、総合的な時代認識と一貫した政策思想は不可欠の要素だからである。

国際問題評論家の岡崎久彦は、労作『小村寿太郎とその時代』(ＰＨＰ研究所)において、元外交官ならではの小村寿太郎論を展開しており興味深い。小村の思慮深く「寡黙で不言実行」という外交スタイルが、メディアなどに「極端な秘密性」という印象を与え、「日本帝国を興した功も、亡ぼした罪も、その一端はこうした小村に代表される日本外交のスタイルの責任に帰せられるべきであろう」と岡崎は述べる。

ともあれ、広瀬に象徴されるごとき一隅を支える青年の真剣さと、小村に象徴される広く深い国際認識に裏付けられた戦略性が奇跡的なまでにかみ合った時代が百年前にあったことを感慨をもって想起せざるをえないのである。それを「白人帝国主義からのアジア解放の先鞭をつけた祖国防衛戦争」と位置付けるのか、それとも「日本自身の帝国主義化の道程」と位置付けるのか、おそらく日本近代史の二重性としてしか評価しえない複雑性を内包しながら、日露戦争の時代は登場人物が鮮烈なイメージで迫ってくる。

第八章　一九〇〇年　ベルリン

ドイツ帝国に学んだ明治日本

一八七一年一月十八日、ドイツ帝国はパリ郊外のベルサイユ宮殿鏡の間で成立した。プロイセン王ウィルヘルム一世のドイツ皇帝としての戴冠式がなんとフランスで行われたのである。この時、ドイツはドイツとしての統一国家を形成した。この事実こそドイツとフランスの歴史的関係を象徴するものであり、今日の欧州統合の時代潮流に至る欧州の二十世紀の歴史の原点に重く横たわるものといえる。

何故、わざわざフランスで戴冠式を執り行ったのか。それは、ドイツの統一はフランスに対する憎悪と怨念によって成立したからである。その時、プロイセンは普仏戦争でフランスを追い詰めていた。前年の九月にはスダンの闘いでナポレオン三世を降伏させ、捕虜とした。その後パリの民衆が蜂起し共和制を宣言、翌年三月のプロイセン軍のパリ入城を経て「パリ・コミューン成立宣言」へと繋がっていくのだが、プロイセンを実質的に率いていたビスマルクは、南ドイツの四邦国を「反仏ナショナリズム」によって陣営に引き入れ、ドイツ対フランスの構図を作り出すことに成功し、フランスを打ち破った。

そもそも反仏ナショナリズムは、一八〇六年のフランス皇帝ナポレオンによる神聖ローマ帝国の解体とナポレオンのベルリン入城、翌一八〇七年のティルジットにおける屈辱的講和によってプロイセンが受けた心理的打撃と憎悪を淵源とするものであった。プロイセンは領土の半分を失ったばかりか、当時の三年分の国家財政規模にあたる一億二千万フランの賠償金の支払いを余儀なくされた。以来、六十年間のプロイセンの怨念がベルサイユ宮殿でのドイツ帝国成立式典をもたらしたのである。皮肉だが、「ドイツ統一をもたらしたのはナポレオンだった」という表現にもうなずける。

独仏で繰り返された怨念

統一後の帝国の宰相となったビスマルクの政策は、よく鉄血政策といわれるが、外交政策の基調は「勢力均衡」であり、決して冒険主義でも覇権主義でもなかった。むしろ、英国やロシアなど列強の間に立って仲介役に徹するというのがビスマルク外交の特質であった。だが、一八九〇年にビスマルクが辞任し、ウィルヘルム二世の親政時代が始まると、ドイツも列強の帝国主義的膨張路線に誘発されるかのように「世界政策」を掲げて海外進出を積極化させた。そして、十九世紀末から二十世紀への転換期はドイツにとって、英国の海上覇権に対抗できる大海軍建設を目指しての高揚期であった。しかし、これが英国を刺激、欧州の緊張を誘発した。第一次世界大戦への導線はこの時点に辿ることができる。

英国は一時、ドイツの抑制のためにも英独同盟を構想し、交渉に入ったが、ドイツが消極的なため失望して断念、その副産物が実は「日英同盟」であった。その後、ドイツは英仏露の三国協商に包囲される形で焦燥を深め、第一次大戦へとのめり込んでいった。その結果、一敗地にまみれたドイツに突きつけられたのが一九一九年の「ベルサイユ講和会議」であった。つまり、ドイツに対する講和会議がベルサイユで行われたこと自体がフランスの怨念のなせるわざであり、一八七一年への意趣返しであった。そして、それは再びドイツの怨念となって増幅され、ヒットラーの登場を招くことになる。

一九四〇年五月、ベルギー国境アルデンヌ地方からマジノ線を迂回して、いともたやすくフランスに侵攻・制圧したヒットラーは、フランス人の屈辱に塩を塗り込むように休戦協定へのサインを強要した。ヒットラーはパリ北東九十キロにあるコンピエーニュの森を休戦協定の場とした。第一次大戦の終了時にこの地の引込線の食堂車で連合軍とドイツの休戦協定が締結されたことに倣《なら》い、わざわざ博物館から同じ食堂車を運び出し協定締結の場を演出したのである。心も凍るような怨念の深さであった。

こうした意趣返しを繰り返してきたドイツとフランスが、欧州統合という名の下に共通の枠組みに入りつつ二十世紀を終えようとしている。一六四八年のウェストファリア条約で神聖ローマ帝国内の諸領邦が近代的主権を確立して以来三百五十年間、国際社会を構成する基本単位として の認知を受けてきた「国民国家」が、十九〜二十世紀におけるそれへの過剰なこだわり故に迷い込んできた「過剰なまでの対決と戦争」と決別する実験へと進み出したということである。

ドイツを訪ねた二つの使節

日本からドイツ（プロイセン）を訪問した最初の政府使節は、江戸幕府による一八六二年（文久二年）の遣欧使節であった。横浜、長崎以外の新たな開港の延期を要請するための竹内下野守を正使とする一行で、福澤諭吉、福地源一郎、松木弘安（後の寺島宗則）なども同行していた。一行はフランス、イギリス、オランダを半年以上もかけて訪れた後、一八六二年の七月十七日に列車でデュッセルドルフに到着、プロイセンへの第一歩を印している。デュッセルドルフ滞在は駅舎での昼食だけで、その日のうちにケルン経由でベルリンに向かった。

当時のプロイセンは、前年の一八六一年にウィルヘルム一世が即位し、一八五〇年代から始まっていた産業革命を推進、飛躍的な経済発展を実現していた。ビスマルクが首相となったのが一八六二年九月であり、文久使節のベルリン滞在は約二カ月であるから、丁度一行がベルリンを去る頃にビスマルクが登場したのである。一行は七月二十一日にはウィルヘルム一世にも謁見の機会を得ている。

この使節に同行した福澤諭吉等は、二カ月のベルリン滞在の間に周辺の様々な施設を精力的に視察しており、博物館、動物園、製鉄所、造砲所、蒸気車製造所、病院、刑務所などを見学している。またポツダムではウィルヘルム一世自らが指揮をとる歩兵・騎兵など一万余による操練を見学したという。この間の使節の行動を克明に追ったのが宮永孝著『文久二年のヨーロッパ報告』（新潮選書）である。文久使節のパリ、ロンドン訪問については、既に触れたが、侍達は欧州の街を威風堂々と歩いたようである。

次にドイツを訪れたのは、明治維新を迎え、一八七一年（明治四年）に明治政府が派遣した岩倉具視の一行であった。岩倉使節団は米国から欧州まで実に六百七十四日をかけて世界一周、その見聞は明治期日本の進路にとって重大な意味をもった。岩倉使節が米国、英国、フランス、ベルギー、オランダを経てドイツを訪れたのは一八七三年の三月であり、普仏戦争に勝ち、ドイツ帝国として統一を果たした二年後であった。正に「新興ドイツ」の勢いを実感させられる訪問となり、脂の乗り切っていた皇帝ウィルヘルム一世と宰相ビスマルクの存在感は強く心をとらえた。

この時、使節一行と面談したビスマルクは、「世界は親睦礼儀をもって交わっているように見えるが、それは表面のことで、内実は強弱相凌《あいしの》ぎ、大が小を侮るのが実情」という厳しい現実認識を語り、国境を保護するのは、万国公法でも正義・自由の理でもなく、国力（軍事力）しかないという「力の論理」を強く一同に印象付けている。列強の圧力の中で開国を余儀なくされ、いつ植民地にされるかも分からない緊張の中で明治政府をスタートさせた日本人にとっては心を揺さぶるようなメッセージであった。

欧州列強に取り囲まれながら、ひたすら産業革命を推進して鉄と兵器の産業を築き上げたドイツの躍進こそ「日本のモデル」と考えられたのも当然といえ、「殖産興業、富国強兵」のビジョンはここに始まった。使節一行は工業都市エッセンを訪れ、ドイツを代表し、世界をリードする鉄鋼・軍需産業の総合企業に育っていたクルップ社の工場を見学して衝撃を受けている。立憲君主制という政体への共感もあり、「ドイツモデル」が日本の進路イメージとして急浮上した瞬間

鉄血宰相ビスマルク

葛藤を生きた森鷗外

ドイツの兵制を導入した桂太郎

であった。岩倉使節の最も重要なメンバーが大久保利通であり、大久保はベルリンで行程を打ち切り、急遽帰国するのだが、大久保が新興ドイツを目撃したことの意味は大きかった。大久保の暗殺死以後も、そのことのもたらした潮流は勢いを増していくのである。

日本がドイツモデルを近代化の規範とする選択にとって決定的な意味を持ったのが、「明治十四年（一八八一年）の政変」であった。この政変は、イギリスを近代化のモデルとして信奉する大隈重信らの「イギリス派」と、ドイツを範とする伊藤博文らの「ドイツ派」との路線闘争の意味も大きく、結局「ドイツ派」が勝って日本の進路は決定付けられた。これを機に、プロイセン＝ドイツ型の憲法体制が、伊藤博文や井上毅らによって導入されていくのである。

ドイツ帝国型は戦後も残り

岩倉使節の一行がベルリンを訪れた時、ベルリンには長州出身の留学生として青木周蔵がいて、木戸孝允、大久保利通等は青木からドイツの政治制度などについての解説を受けている。青木周蔵という人は、思い入れの激しい人物だったらしく、ドイツの研究が極端なドイツへの心酔に昂じて、日本人の妻を離縁してドイツ人と再婚したほどである。

赴任先の国に惚れ込むことは、外交官でもビジネスマンでもありがちで、ある程度惚れ込むぐらいでないといい仕事は残せないが、思い入れが度を越すと客観的判断を失い、外交などの場合、間違った判断に国を追い込むことになる。一八九五年（明治二十八年）、日清戦争後の「三国干渉」の時、駐独公使だった青木周蔵は「ドイツは日本の対清政策に理解を示しており、遼東半島返還を要求することはない」という希望的判断を事前に発信していたばかりか、ドイツの豹変についてもドイツを弁護する姿勢さえ示し、外相陸奥宗光を激怒させる事件を起こしている。

蛇足だが、日本の近代外交史上、青木周蔵といい、あるいはヒットラーに惚れ込んだ日独防共協定の推進者大島浩陸軍少将（のちに駐独大使）といい、ドイツに過剰に惚れ込む現地責任者が輩出しているが、ドイツへの崇拝と畏敬が戦前の日本の国際認識につきまとうトラウマだったとさえいえるのかもしれない。不思議なことにドイツへの心酔者は生真面目なまでにドイツに入れあげる傾向がある。それはドイツおよびドイツ人の気質の照り返しなのかもしれない。戦後日本のアメリカ中心の国際関係からは想像し難いが、明治以来百三十年の前半の日本にとってドイツの存在はずっしりと重かったということである。

典型的なのはドイツの兵制の採用であり、その推進者が桂太郎であった。彼は、一八七〇年（明治三年）に長州藩からの資金でベルリンの陸軍大学に留学、ドイツの兵学を学んだ。丁度、普仏戦争でドイツが勝利し、第二帝国成立を目撃したわけで、ドイツ兵制の優位性を肌身で感じたであろう。一八七三年に帰国して陸軍に入ったが、駐在武官制度の創設を陸軍卿山県有朋に進言、自らベルリン駐在武官として赴任、さらに徹底してドイツ兵学、兵制を学んだという。当時の日本はフランス式兵制を採用していたが、明治十四年の政変以後、兵制についてもドイツ型モデルの採用へと傾いていく。一八八四年（明治十七年）には陸軍卿大山巌を団長とする「欧州兵制視察団」が訪欧、もちろん桂も同行し、この視察団がドイツ式兵制の採用を決定づけた。

一八八五年にはドイツ参謀本部の立役者モルトケの愛弟子でもあったメッケルが来日、三年間の滞在の間に陸軍の助言者として、兵制から軍事教育まで徹底したドイツ化を推進した。「統帥権の独立」として参謀本部の統帥事項を文民統制からはずし、日本陸軍の政治的発言力を高め、後に軍部の横暴をもたらす淵源となったのも、メッケルによる三元制（陸軍省、参謀本部、教育総監部）の確立にあったといわれる。

思えば大きな逆説なのだが、ドイツが第一次大戦に敗れて放棄した国家体制、すなわち憲法、法制、統治機構を日本は一九四五年の敗戦まで連綿と持ち続けた。また、あえて極論するならば、憲法とか兵制は一九四五年以降に解消・変革を迫られたが、ドイツ帝国型の国家官僚主導の統治機構については現在までも根強く継続してきたとさえいえる。今日、日本は米国型の「規制緩和、市場主義」の導入を迫られているが、これも別の視角からすれば「ドイツ帝国型の国のカタチ」の残滓に対する米国の苛立ちと挑戦でもある。日本の二十世紀が何であったのか。重層的、多面的に考察してみると、我々が立っている所の景色が違ってみえる。

葛藤を生きた森鷗外という存在

一九〇〇年、鷗外、すなわち森林太郎は第十二師団軍医部長として小倉にいた。軍医監（少将相当）とはいえ、新設の小倉師団の軍医部長という地位は、彼のそれまでの軍医としてのキャリアからすればやはり左遷というべきであった。日清戦争に中路兵站軍医部長として従軍した彼は、日露戦争に向かう谷間の時期、二年九カ月の小倉生活を送ったことになる。一八九四年（明治二十七年）の日清戦争への従軍から一九〇九年（明治四十二年）の雑誌「スバル」への『ヰタ・セクスアリス』寄稿までの約十五年間は文学者鷗外にとっては沈黙と充電の期間であった。その中心が小倉での生活であり、アカデミックな研究生活に沈潜し、「審美綱領」「審美新説」などの論考を執筆しつづけるかたわら、クラウゼヴィッツの戦争論の研究、アンデルセンの『即興詩人』の翻訳に驚嘆すべき忍耐で情熱を傾けた。この抑制された持続力が、その後の鷗外の作品の奔流となって結実したといえる。

陸軍の軍医としての森林太郎、そして文人としての森鷗外、一つの人格の中に二つの表情を持ち続けた男。この明治の知性ともいうべき人物の葛藤の中に、日本の近代の苦闘そのものが滲み出ているのかも知れない。

ナウマンとの日本論争

岩倉使節以後の日本が、プロイセン・ドイツ型のモデルを日本近代化の手本として採用したこともあり、ドイツへの留学が急増した。明治期の官費海外留学生の約六割がドイツに行ったという。

森林太郎がドイツ留学の壮途についたのは一八八四年（明治十七年）八月であった。「航西日記」の第一日に書かれた漢文体の一節に「昂々未折雄飛志」とあるが、抑えかねる雄飛の志を持った青年軍医の姿がそこにあった。国家を背負うような強烈な使命感を持った留学であった。

そもそもドイツ留学は森林太郎の夢であった。林太郎は一八八一年、わずか満十九歳で東大医学部本科を卒業した。卒業時の成績は八番で、文部省の留学候補にはなれなかったが、留学の可能性が大きいことを期して、軍医の道を選択した。プロイセン陸軍の衛生制度についての大冊の文献を翻訳するなどの努力が認められ、わずか三年後に宿願の留学が許可されたのである。ドイツに着いた林太郎は、ライプチヒで栄養学の権威ホフマンに、ドレスデンでザクセン軍団の軍医監ロートに、ミュンヘンで衛生学の大家ペッテンコフェルに、ベルリンで細菌学の開拓者コッホに、それぞれ師事して衛生学修業の責務を果たした。

同時に、文学の才能の芽を自覚したのもこの時期であり、「鷗外」の号を用い始めたのも留学中のことであった。ヨーロッパ社会に触れ、急速に視界を広げ、封建的気風の残る日本とは異なる自由な精神も十分に摂取した。ドイツ留学時代の林太郎の心の所在地を示すエピソードと思えるのが、「ナウマン象」で知られる地質学者ナウマンとの日本論を巡る論争である。

ナウマンは日本政府の招きで一八七五年に来日、開成学校で地質学の教鞭を執った後、全国各地の地質調査の指導に当たった。日本での十年を超す滞在を経て、ミュンヘン大学の非常勤講師を務めていた。一八八六年三月、林太郎はドレスデンの地学協会で、ナウマンの「日本の地と民」と題する講演を聞いた。ナウマンは基本的には日本の理解者であり、決して日本を誹謗する意図などなかったのだが、日本の近代化に対する懸念を率直に語り、「外圧による開国、無批判な外国の模倣」を進める日本の危うさを指摘した。ところが、その議論が鷗外の愛国心と怒りに点火することとなった。

確かに、ナウマンの議論には日本の後進性や弱点を面白おかしく誇張した部分もあり、民族の誇りを傷付けられたと鷗外が感じたのも分かる。鷗外はすかさず講演会の場で発言を求め、ナウマンが「日本の仏教は女性蔑視」と言及したことについて、「私が貴婦人方を尊敬することが決してクリスチャンに劣らないことを証明したい」と洒脱な反撃を加え、聴衆の拍手を受けている。またその後、ナウマンが講演と同趣旨の文を新聞に寄稿したことを受けて、ナウマン批判論をミュンヘンの新聞に「日本の実状」として投稿している。

鷗外のナウマンへの反撃は、その愛国的気概を評価する人が多いが、本質的にはナウマンの提起した問題への反論になっていないというべきであろう。ナウマンの論点は「皮相で軽薄なヨーロッパ模倣が、真の日本の良さを失わせていくのではないか」という点にあり、鷗外が「日本はいつも外来文化を受容してきた」として「日本人がヨーロッパ文明の価値を評価するだけの知性を有している」と主張してみせても、決して日本が直面していた問題に説得的解答を与えたとはいえないのである。しかし、単なる民族意識を超えて、鷗外のナウマンへの過敏なまでの反撃には「鷗外という存在の本質」が投影されているように思う。

対照的な「漱石と鷗外」

近代文学史において、鷗外は「近代日本のロマンチシズムの扉を開いた」とされる。西洋文化を「自由と美の認識」に基づくという理解のもとに、『舞姫』（明治二十三年）、『うたかたの記』（同）、『文づかひ』（明治二十四年）といった雅文体の小説を発表し、若い世代に大きな影響を与えた。その後、軍医としての責任を担って日清・日露の戦争に従軍、前記の小倉での沈黙の時間を中心とする十五年間の文壇からの不在を経て、「漱石と並ぶ反自然主義の中心」として文壇に復帰、「耽美派の支柱」として明治四十二年の「スバル」創刊を支援した。

現在の文京区の千駄木（当時の本郷区駒込千駄木）に観潮楼として居所を構えた鷗外は「千駄木のメエトル」として尊敬され、自由で実験的な芸術運動のリーダー格として、北原白秋、木下杢太郎、吉井勇、与謝野寛、石川啄木などこの時代の新世代耽美派の照り返しを浴びつつ、『ヰタ・セクスアリス』『青年』『雁』『灰燼』などの実験的作品を次々に発表していった。つまり、文壇における鷗外は自由で奔放な近代的人間性の探求者としての位置を高めていくわけであるが、それは軍隊という最も堅固な組織のなかで組織人として生きる森林太郎との緊張関係の中での創作であった。

軍医としての森林太郎は、明治四十年に最高位にあたる陸軍軍医総監に任じられ陸軍省医務局長（中将格）になった。つまり、陸軍中将が耽美派の旗手として、性に関する小説を堂々と発表するという今日の世界でも例の無いことをやってのけたのである。極端ともいえる「二足のわらじ」を履き続けることの内面的整合性の維持は大変なものだったと思われるが、ある意味ではこの緊張感こそ鷗外の創造性の根源なのかもしれない。

鷗外が明治四十二年から文学活動に復帰した理由の一つは、夏目漱石の活躍に刺激を受けたためといわれている。確かに、鷗外の『青年』も漱石の『三四郎』を強く意識した作品で、明治の知的青年の生き方の模索の物語である。鷗外と漱石、様々な共通性を持ちつつも対照的な二人であり、ここに近代日本のエトスが象徴されていると思われる。

鷗外と漱石は、ともに欧州への留学体験をもった。鷗外は一八八四年からの四年間のドイツ留学、漱石は十六年後の一九〇〇年からの二年半の英国留学であった。世代的には、鷗外は一八六二年（文久二年）生まれ、漱石は一八六七年（慶応三年）生まれであるからほぼ同世代といってよいのだが、留学したのは鷗外が二十二歳、漱石は三十三歳であった。漱石は地方の高等学校の英語教師をしてからの「遅れ馳せの欧州留学」であり、既にこの本でも触れたごとく、気負いも使命感もない「気乗りしない洋行」であった。これに対し、鷗外はエリート軍医として、国家を背負った燃えるような使命感溢れる留学であった。

醒めた眼で欧州をみた漱石と、欧州の先進性を吸収する使命で欧州をみた鷗外の差は大きい。鷗外に関する様々な研究や文献が出ている中で、最も本質を言い当てていると思われるのが、山崎正和の『鷗外　闘う家長』（河出書房新社、一九七二年）である。山崎は鷗外という人間の型を「闘う家長」と規定する。つまり、生まれながらに「父」としての責務を背負ったような生き方、弱者となることを抑制した「家長」としての表情を鷗外に見て取るのである。父たるものは生活の支柱であり、子供のような甘えは許されない。子供はすねたり、批判していればよいが、父はそうはいかない。立派に屹立することを意思し続けた男、明治という時代の国家と自己同一化し、驚くべき克己心と研鑽とで科学と文芸の双方を探究し続けたのが鷗外の姿である。それは、時代に対して、疑問、懐疑、批判、叛逆のスタイルを示していれば飯が食えた近代日本の圧倒的多数の文人達の中で、鷗外が全く異質な存在感を放っていることの説明として、極めて鋭い指摘なのである。

全く新しい鷗外像も明らかに

確かに、鷗外は立派であることを義務付けられて育った。文久二年、島根県津和野に藩主亀井家の典医の家に生まれた鷗外は、明治五年には父に随って上京、郷土の先輩である西周邸に寄寓する形で、本郷壱岐坂にあった進文学舎に通いドイツ語を学んだ。明治七年には東京医学校予科に入学、明治十年に医学校が東京開成学校と合併して東京大学医学部となったため、鷗外は明治十四年に卒業となった。そこからは先述の軍医としての人生のスタートであった。常に期待され、その責任に耐え、強く立派な「父」としてのイメージの中を生き続けたということであろう。多くのその時代の青年がそうであったように、国家と民族の危急時という緊張感を共有し、そのための自己犠牲という意識も強烈であった。

鷗外が必死に論戦を試みたドイツ時代の「ナウマン批判」も、日本の近代化の危うさに気付きながらも、それに簡単に賛同していられない「体制の一翼を担う者としての責任感」が突き動かしたとみることもできる。その意味では、漱石は対照的にクールであった。漱石が一九一一年の和歌山での講演「現代日本の開化」で語った問題意識は、ナウマンが指摘していた「日本の近代化の外発性、危うさ」と重なるものであった。漱石は「皮相上滑りの開化」のもたらす帰結を懸念しつつも、この潮流を離脱できないジレンマに苦しみぬき「出来るだけ神経衰弱にかからない程度において、内発的に変化していくがよかろう」と結論づける。そして漱石は、国家主義が吹き荒れる時代環境の中で、国家と冷静な距離をとり、「義務心を持った自由」を志向する個人主義の重要性を主張するに至る（「私の個人主義」一九一四年学習院校友会での講演）。つまり、漱石こそ「近代的自我」を語る先覚者であったといえる。

漱石と比べて鷗外の小説が、海外において意外なほど不人気なのも、鷗外における批判的な自我の不在が背景にあると思われる。それこそ鷗外の真髄とも関わるもので、鷗外にとっては海外での不人気こそ栄誉といえるのかもしれない。結局、鷗外は大正五年まで、三十五年間の軍医としての職責を果たし、陸軍省医務局長を退いた。正に、職業軍人としては功なり名とげたというべきであろう。しかしながら、鷗外研究の蓄積のなかで、全く新しい鷗外像も明らかになりつつある。吉野俊彦の「サラリーマン鷗外」というユニークな視点からの一連の鷗外研究のなかでの『鷗外・五人の女と二人の妻』（ネスコ、一九九四年）は、鷗外の女性遍歴、家庭生活が幸福なものではなかったことを検証していて興味深い。

また、白崎昭一郎の『森鷗外――もう一つの実像』（吉川弘文館、一九九八年）は、医師という立場の筆者が、日清・日露戦争における数万の兵士の「脚気」による死に関して、上級軍医で衛生学を修めた森林太郎の責任という視角から、鷗外の弱点を探究した作品である。当時は脚気がビタミンB_1の欠乏症であることが分らず、結核とならぶ国民的疾患であったという事実に基づき、軍医鷗外と脚気の因縁を分析しており新鮮である。

様々な人間的弱点や欠陥を抱えながらも、明治という疾風怒濤の時代に立ち向かっていった鷗外の姿を視界に置くにつれて、深いため息をつかざるをえない。明治が終わり、明治という時代を体現した二人の希有な知識人、漱石は大正五年に、鷗外は大正十一年に死去した。

終章　一九九九年　世紀末に向う欧州

十八世紀末の欧州は「フランス革命」を、十九世紀末の欧州は「マルクス主義」を産んだ。そして二十世紀末の欧州は何を産むのだろうか。

欧州は苦悩の中で二十世紀を総括し、新しい時代システムを構築しようとしている。それが私の結論である。「国民国家」と「社会主義」によって特色づけられる二十世紀は、ヨーロッパにとって戦争と革命、対立と分断の世紀であった。その二十世紀に欧州は疲れ果てた。そして冷戦後、米国を発信源とするグローバルな市場主義の嵐が吹き始めた。「世界のアメリカ化」が進む中で、ヨーロッパの自尊心と歴史意識が刺激された。欧州は今、「新欧州主義」と呼ぶべきパラダイム転換の渦中にある。

吉田健一は『ヨオロツパの世紀末』において、十九世紀末のヨーロッパに関し、実にユニークな歴史観を展開している。彼によれば、「ヨオロツパがヨオロツパとしての性格を完成した」のが十八世紀であり、「生を喪失し、実利的にのみ生きることによる愚劣、偽善、雑然」という「堕落に転じた」のが十九世紀の欧州だというのである。そして、通常の常識としての「退廃の世紀末」観とは全く異なり、「優雅さの再興」としての欧州十九世紀末が論じられるのである。

十九世紀が堕落の世紀だったとすれば、二十世紀は何と表現すればよいのだろうか。科学技術によって武装し、思い上がった人間が「自分達こそ世界を制御できる」という幻想に支配された始末の悪い世紀だったといえるかもしれない。国民国家とイデオロギーが色褪せていくなかで、人類は新たに頼りうる理念・基軸を求めてさ迷っている。ヨーロッパは「コソボ」に象徴される愚かなる紛争に直面しながらも、新しい時代への舵を切り始めているといえる。おそらく、欧州は今「新欧州主義」を模索するための二つの実験に挑戦している。その二つの実験に注目したい。

見直される「国民国家制」

第一の実験は「国民国家制」の見直しである。二重の意味で、欧州においては国民国家制の再検討が進行している。

一つは、欧州経済統合の試みを通じた国民国家の権力の「上放」である。例えば、九九年一月からスタートした共通通貨ユーロは、現状では会計表示単位にすぎないが、二〇〇二年から統一通貨が実現すれば、国民国家の通貨発行権を上位機関に委ねるものとなり、単に通貨を一つにするだけでなく、金融政策の統合に帰結する。また、欧州広域の経済政策効果を高めるためには必然的に参加各国の財政政策（財政の規模・運用）にも順次制約がかかり、やがてはより徹底した欧州域内の国境を超えた労働と資本の自由な移動を可能にする政策スキームも実現するであろう。

このような欧州統合を促している要素としては、何よりも「積極的自立」をキーワードとして、欧州が結束して「米国の一極支配」から脱却しようという意思が働いていることは間違いない。加えて、積極的推進役になっているドイツとフランスの統合推進の本音が大きな要素となっているのである。ドイツとしては東西ドイツの統合を達成し、経済的に欧州の中核としての地位を確立しつつあるが、これ以上の展開のためには戦争責任から完全に決別し、周辺国の警戒から解放された「新しい共同体」が必要だった。またフランスは、強大化するドイツを欧州という枠組みの中で制御することを意図していた。

通貨統合の成果は既に現れていると見るべきである。九二年、九三年と欧州通貨は為替投機にさらされ、英国とイタリアはＥＭＳ（欧州通貨制度）から離脱という苦い経験をした。九八年のロシア金融危機後の欧州通貨の動きをみると、欧州一丸となった通貨統合が準備されているという信頼感があればこそ、個別の欧州通貨が狙い撃ちされなかったといえ、効用は前倒しされているる。金融グローバル化のなかで、ユーロは「米ドルとのバランスにおける選択肢」を求める動きを受け、一両年以内に世界の外貨準備の三割を超す存在（現在の欧州通貨の比重は約二割）になるであろう。

二〇〇二年から「ユーロ」という新通貨が実際に流通し始めると、「一元化する欧州」はより鮮明になってくるであろう。現状、ユーロのドルに対する相場は必ずしも「強含み」ではないが、ユーロランドといわれる通貨統合への第一次的参加国十一カ国は、二〇〇〇年に向けて「ユーロ効果」ともいうべき経済の相互刺激により予想以上の成長力をみせた。興味深いのは、ＥＵ加盟国間の成長率格差が次第に縮小しているという事実であり、ここにＥＵという枠組みが加盟国総体を底上げしている効果が現れている。

もう一つの国民国家制を揺さぶる注目すべき動きが、「国境を超えた地域連携」の動きである。いわば国家権力の地域への「下放」ともいえる動きで、しかも国家内の地方分権ではなく、隣接した地域間での経済連携が深化して国境を超えた経済ゾーンが多様に形成され始めている。

典型が、スペインのカタルーニャ、バスク地方と南フランス地域にまたがる「地中海アーチ」といわれる広域経済交流、バルト海沿岸の八十四都市が連携する現代版ハンザ同盟たる「バルト海都市連合」、ミラノを中心とする北部イタリアと南ドイツ、オーストリア、フランスのアルプス地域にまたがる地域交流などである。これらは「多民族共存型のトランスナショナルな広域連携」として実体を持ちつつある。

国民国家を突き動かす動きのネガの部分も顕在化していることも注目されねばならない。オーストリアでは民族主義的極右政党とされる自由党が第二党に進出していたり、フランス国内でも、コルシカやバスクでの民族主義による過激な独立運動の動きが活発化しており、これらも国民国家制の陰りと相関しているのである。

国権の上放と下放の欧州における新展開について言及してきたが、もちろん欧州から国民国家がなくなるわけではない。おそらく欧州の将来は、まずEUが通貨統合に踏み切った十一カ国を中核国とし、英国・北欧などを準中核国、さらに中核の成功が外縁を招きこむ形で中・東欧、地中海諸国を加えた同心円型の三十カ国前後の国家連合となるであろう。その中で国家を超えた地域連携の深化、グローバルな経済活動の常態化と多国籍企業の国境を超えた資本の論理の定着などを受けて、欧州では権力構造の重層化、並立化が進行するであろう。

国民国家からの二重の意味でのパラダイム転換を通じた国民国家制の希薄化、これこそ国民国家の時代たる二十世紀の総括を込めて欧州が挑戦しているテーマである。

ユーロ社民主義の挑戦

第二の実験はユーロ社民主義の挑戦である。九八年九月のドイツの総選挙を世界は息を飲むように注視していた。十六年間も政権を保ってきたEUの牽引車コール首相が敗れ、社会民主党（SPD）が政権に就くか否かが焦点であった。

結果は、やはり社民党が勝利を収め、五十四歳のシュレーダー首相が率いる社民党と緑の党の連立政権がスタートすることになった。九九年初の時点で、EU加盟十五カ国のうちスペインとアイルランドを除く十三カ国、とりわけ欧州統合の推進役であったドイツとフランスが「中道左派」政権となったことは重要な意味を持つのである。

潮流変化の契機となったのは、九七年五月の英国労働党政権の成立であった。九四年に党首に就いたトニー・ブレアが率いる「ニュー・レーバー（新生労働党）」は、「国家のコントロールからも市場のドグマからも解放された第三の道」を掲げ、十八年ぶりに保守党から政権を奪い返した。これは、労働党自身の再生を賭けた変革によるものであると同時に、サッチャー革命の行き過ぎに対する国民の不安がもたらした選択でもあった。

サッチャーが英国にもたらしたものは、英国経済に米国流の市場主義、競争主義を導入することによる経済効率・活力の再生であった。今世紀に入ってからの英国は、六回にわたる労働党政権によって「経済の公的規制・管理」が強化され、経済の非効率と停滞がもたらされていた。その反省から、サッチャーは所謂「ビッグバン」を断行したのだ。

現実に、英国経済はサッチャー革命を通じて活性化した。この数年、実質年三％前後の成長を実現していることがそれを象徴している。しかしながら、競争重視と規制緩和のサッチャー流の「市場化政策」は、影の部分として「競争に敗れ取り残された者」を生み出した。福祉国家の伝統を捨て、既得権者を市場の荒波に委ねることは、医療や年金制度に依存してきた「普通の人々」の生活をも締め付けはじめた。「クローズド・ショップ制」（労組加盟義務制度）に支えられてきた労働組合や伝統的規制に守られたテクノクラートも、規制緩和の潮流の中で既得権者として厳しい競争にさらされ、それがもたらしたマクロ経済面での「活力」も大きいとはいえ、当事者は「生活レベルの低下」と「社会的存在感の喪失」に不満と不安を高めていった。

ブレアの「第三の道」は、サッチャー革命の光と影を受けて投げた絶妙の直球であった。「市場化」の推進はサッチャー路線を継続する。他方、行き過ぎた市場主義がもたらす弊害を排除する。第三の道とは「効率的福祉社会」の探求であり、市場経済下での社会政策の模索である。社会政策とは分配の公正、雇用の確保に加え「財政による給付依存型の受身の福祉から市民のアクティブな参加が支える福祉へ」という政策転換を目指すもので、ブレアは一九一八年以来労働党を縛ってきた「生産手段公有」を目指す綱領第四条を改正し、階級政党から国民政党への変身を明示して政権を奪い取ったのである。

九九年六月には、ベルギー、ルクセンブルグにおいて「中道左派政権」が政権を失い、中道左派の政権はEU加盟国中十一カ国となった。また、同年六月の欧州議会選挙では、社民グループの議席は二一四から一八〇に減り、中道の欧州人民党が二〇一から二一五となって、社民勢力の退潮を印象付けた。ドイツの地方議会選挙でも、社民党の敗北が続いており、シュレーダー政権も苦難の時を迎えている。政策路線的にも、シュレーダー政権の「迷走」が指摘され始めており、一方で市場主義・競争主義的政策に理解を示して、「財政再建、事業税引き下げ」を発表したかと思うと、他方で「扶養補助増、経営危機企業の政府による救済」のごとき政府介入型の社民路線を探求するなど、基軸を疑わしめる微妙な揺れを示している。効率と公正のバランスは決して容易ではなく、欧州の模索はこれからが正念場といえる。

欧州の二十世紀は「社会主義」に悩まされ続けた世紀であった。欧州の知識人には「米国は資本原理主義の総本山だから」という皮肉な表現を使う人がいるが、それは米国の二十世紀の一面を言い当てている。米国では、ただの一度も社会主義政権が成立したことも、社会主義政党が育ったこともない。骨の髄まで資本主義の国である。他方、欧州の主要国はことごとく「社会主義政権」という選択にのめりこんできた。結局は、非効率と非合理によって崩壊・挫折した社会主義ではあったが、市場の効率を追求するだけの資本主義の欠落部分を正そうとした社会主義の「理念」を想起し、自らの二十世紀の試みを総括しておこうという意図がユーロ社民主義の根強さの背景に存在する。

死角としての「コソボ」

欧州が冷戦後の新しい仕組みを模索し、経済統合を深め、全欧安保型の安全保障のスキームを確立していく中で、深刻な死角が生じ始めた。ＥＵの中核諸国における経済的成功が「周辺国をひきよせる」流れの一方で、「取り残された地域としての旧東欧」の問題が浮上してきたのである。

その象徴がユーゴスラビアでありコソボである。欧州の地図に「EU加盟申請国」と「NATO新加盟・加盟申請国」をプロットしてみれば一目瞭然である。旧東欧の優等生とされるポーランド、チェコ、ハンガリーなどは、比較的うまく社会主義体制からの「改革開放」を進め、西欧化の路線に乗っているといえる。しかし、市場主義の潮流に乗れない「落ちこぼれ」は、焦燥の中で混迷を深めている。最も取り残された地域がバルカンである。

ミロシェビッチは「化け物」のように突然登場した「バルカンの虐殺者」ではない。八六年にセルビア共産主義者同盟の議長になる前の経歴を調べると、六六年から三年間は「ベオグラード市経済顧問」を務め、その後国営のTEHNOGASに十年間勤務し局長にまでなっている。さらに、七八年からは金融機関BEOBANKA（ベオグラード銀行）に移り、国際的な金融活動のため西側世界ともコンタクトを深めている。したがって、ミロシェビッチの当初のイメージは、西側志向の改革派経済テクノクラートであった。その男が「民族浄化」もためらわない狂熱のナショナリストに変質していく構造こそ注視しなければならない。

八七年十月の共産党大会で権力を掌握した後、コソボを訪れたミロシェビッチは、コソボの人口の八二%を占めるアルバニア系の警察官が人口の一〇%を占めるにすぎないセルビア系の住民に暴力的弾圧を加えていることに衝撃を受けたとして、「何者もスラブ人を虐待してはならない」と発言し、セルビア民族主義のボルテージを上げていく。八九年六月には、オスマン・トルコと戦った民族の伝説を持ち出して「コソボの戦い六百年記念式典」という時代がかったセレモニーを百万人のセルビア人を集めて挙行し、「セルビア人固有の領土コソボ」を絶叫してみせた。

四五年から八〇年までの三十五年間にわたり、チトーがユーゴスラビアを統合していた時は様々な人種がこの地域に共生していた。民族や人種を超えた価値としての「社会主義」が一定の統合力を有していた。八〇年にチトーが死去した後、ユーゴスラビアで最初の民族的亀裂が生じたのがコソボであった。八一年に最初のアルバニア系学生の反乱が起き、「階級よりも民族」の時代への導火線となった。その後、九〇年代に入り、ソ連の崩壊を境として、東側の「民族への回帰」は決定的となった。ユーゴスラビアにおいても、九一年にスロベニアとクロアチアが分離独立を宣言、取り残されたセルビア人の焦燥はボスニアやコソボでの「民族浄化」へと向かっていく。

東欧を束ねていた「社会主義」の幻想が醒めた時、代わって怒濤のごとくこの地域に流入したのが米国流の市場主義であった。しかし、経済的欲求に訴えるだけの商業主義と拝金主義は民族・人種を超える統合の価値とはなりえなかった。とくに旧ユーゴスラビアの中でも「最も貧しい地域」コソボでは、民族意識の先鋭化を抑えるメッセージを米国流の市場主義は与えきれなかった。その現実に苛立ち、自らの価値の限界を見せ付けられたことに反発するかのように、米国に主導されたNATOはコソボ空爆に踏み切った。米国とすれば欧州諸国に米国の弱さを見せないための面子をかけた選択でもあった。

「インターナショナル」を謳っていた共産主義者ミロシェビッチの最後の拠り所が「民族主義」であり、それを攻撃する米国の拠り所がマネーゲームを至上とする金融資本主義で、最高司令官クリントンは「徴兵忌避」と「不適切な関係」に揺れた、とても愛国者とはいえない人物という組合わせは、いかにも世紀末の物悲しい話である。

米欧関係の微妙な駆け引き

コソボ空爆が続く九九年四月二十三日、NATOは創設五十周年の記念式典をワシントンで行った。異様なほど仰々しい式典であり、三月に新たにメンバーに加わったポーランド、チェコ、ハンガリーの中欧三カ国を含む十九カ国の首脳を前に「NATOの結束」をことさらに強調するクリントン大統領の姿が印象的だった。

四月二十四日には、NATO首脳会議において、「新戦略概念」を採択した。二十一世紀に向けての拡大NATOの基本戦略を示すもので、注目すべきは「NATOは、人権、民主主義などの価値を守るため、加盟国の防衛だけでなく、地域全体の平和と安定に貢献する」という文言である。これによりNATOは、東西冷戦下の集団自衛のための軍事同盟から性格を転換し、欧州・大西洋地域の民主主義の警察官になったといえる。

米国主導のNATO新戦略概念についていかざるを得ない現実と、米国の役割意識肥大ともいえる専横から距離をとりたいという意思とのジレンマに立っているというのが、欧州の心理であろう。バルカンの地域紛争の複雑性を歴史的に思い知らされてきた欧州からすれば、超大国意識を剝き出しにして自らの価値観で全てを仕切ろうとする米国の自己過信には辟易している。

「結束していなければミロシェビッチを屈服させられない」との米国の思惑を支持してきたものの、目論見違いの泥沼にはまり当惑しているというのが欧州の本音である。NATO新戦略概念を巡っては、米国がＮＡＴＯの活動対象を、加盟国の域外の「中東から中央アジアまでを含む地域」（オルブライト米国務長官）としたのに対し、欧州はこぞって難色を示し、結局「加盟国の防衛だけでなく、地域全体の平和と安定に貢献」という玉虫色の表現に落ち着いたという。

ＮＡＴＯと国連の関係についても、米国がコソボ方式のごとく国連決議なしで軍事行動をとりうることを意図しているのに対し、フランスは米国の意図での紛争介入の可能性拡大には警戒的である。米欧関係は、表面的には連携を保ちながらも「ガラス越しのくちづけ」とでも表現すべき微妙な駆け引きの中にある。二十一世紀への潮流は「欧州の欧州化」にあり、欧州は米国の軍事力の論理と価値の押し付けに対し距離をとり始めるであろう。

日本のコソボ問題に関する論調の中に「コソボ空爆は人権と民主主義を守るためで、自国の利害や権益のためではなく、人権安全保障への踏み込み」として評価する愚かな議論がある。米国が「正義と良心の大国」であるかのごとき議論だが、それは間違いである。古今東西の戦争は、当事者からすればすべて正当な目的を持つ正義の戦争である。ゲルニカからコソボの間に六十二年が経過したが、人類が未だに学習不足であることを痛感する。武力と国威による紛争解決を信奉する米国の時代認識は古く、グローバルな情報化を背景に地球は一段と「公的」になっており、「いかなる国も経済的に孤立しては存立しえない」という視点を見失うならば、新しい時代をリードする戦略を失うであろう。世紀末の欧州情勢は実に示唆的である。

九九年十二月、ミレニアムの節目を迎えようとする英国、フランス、ドイツを回ってきた。強く残った印象は、欧州における米国批判の高まりである。もちろん、米欧関係はルーツを同じくする者同士の「言いたいことを言い合える」関係における緊張であり、日米関係とは異なる。それにしても、自らグローバル化を唱導しながら、それを的確に制御する意思も能力も失いつつある米国に対する欧州の失望は大きい。例えば、米国議会のＣＴＢＴ批准拒否、ＷＴＯシアトル会議の破綻と、九九年に起こった一連の出来事が証明しているごとく、米国の「一極支配」や「世界のアメリカ化」が語られる割には、グローバルな課題の制御や利害調整についての米国のリーダーシップは虚弱であり、自己過信とわがままさだけが目立つのである。

欧州は、米国流の価値や政策軸を超えていかなる選択肢を提示してくるのであろうか。その意味でも、欧州に基点を置く国際機関、例えばパリのＯＥＣＤ（経済協力開発機構）、ジュネーブのＷＴＯなどは重要である。世に「ワシントン・コンセンサス」という言葉があるが、世銀・ＩＭＦなど米国ワシントンに本部のある国際機関は、暗黙のうちに米国政府の政策と基調を同じくしがちである。これに対し、欧州に基点のある国際機関では、米国の主導性は相対的であり、米国だけの思いに任せぬ展開となりがちである。しかも、国連加盟国が多くなり過ぎて「議論が収斂しない」状況になるにつれ、あるいは「五大国拒否権主義」の矛盾が露呈するにつれ、電子商取引きから投資基準まで、国際社会の新しい経済ルールの討議が、実体的にはＯＥＣＤやＷＴＯにおいてなされる傾向が強まっている。それ故に、日本としてもこれらの動きに主体的に関与し、欧州動向を見誤らないことが大切となろう。「欧州が見えなくなると日本は混迷する」というのは、あの一九二〇年代から三〇年代の教訓でもある。

旅のおわりに

バルセロナにて

一九〇〇年への思索の旅、欧州篇を締め括るために、一九九九年九月、再びバルセロナを訪れた。天才建築家ガウディーの設計による聖家族教会（サグラダ・ファミリア）の建築現場の前に立ち、聳え立つ八基の尖塔を見上げながら二十世紀について改めて考え込んだ。この教会の建築工事が始まったのが一八八四年というから、もう百年以上も建てつづけてきたのだが、まだ完成までに百年はかかるであろうという壮大な建造物である。つまり、この建物は、二つの大戦やスペイン内戦を超え、二十世紀を通じて建てつづけられてきたということであり、二十一世紀をも超えて建てつづけられていくということである。

二十世紀を黙考するうえで、バルセロナは大いに刺激的な街である。一九〇〇年、この街にはガウディーが、そしてピカソがいた。この本でも触れたごとく、十九歳のピカソが勇躍パリを目指して旅立ったのがこの年である。彼が「カタルーニャ・モデルニスモ」を掲げる友人達とたむろしていたのが、カフェー「クワトロ・ガッツ（四匹の猫）」であり、この店は大聖堂近くの裏道に現存している。コーヒーを飲みながらこの店に座っていると、少年ピカソが最初の個展を開いたというこの店の百年前の風情が蘇ってくる。

十九世紀末の米西戦争に敗れ、かつての栄光を見失い苦悶していたスペインの一地方都市から二十世紀の感性が開花していった。時代状況の抑圧からの解放を掲げた「シュールレアリズム（超現実主義）」の先駆者としてのピカソが、そしてミロが、さらにはダリという画家達が皆この地から育った。これはほとんど奇跡にも近いことなのだが、この三大巨匠が二十世紀美術に占める地位を考えるならば、「二十世紀のイズムの多くはピレネーの南からやってきた」という表現が誇張ではないことに気づくはずである。そして、ダリが繰り返し語りつづけていたという「人間は、ウルトラ地方主義者であると同時に普遍的でなければならない」という言葉に電撃的な示唆を受けるのである。

交通手段、そして情報通信の発達を背景に人間が飛躍的に活動範囲を拡張した二十世紀、文化の均質化や画一化が進行した二十世紀という時代に人間の創造性を求めて戦った人達のなかで、このカタルーニャという地方にこだわりつづけた人達がみせた創造性は一体何なのだろうか。普遍的であろうとすれば、自らの大地に根差し、自らの伝統を直視し格闘しなければならない、というメッセージをバルセロナが生んだ創造者達は発信しているのである。国際化とかグローバリズムが語られる世紀末の現代においてこそ、これは重いメッセージである。

カタルーニャに腰を落ち着け続けたガウディーの建築物がもつ「超近代性」は、時代を超えた価値を放っている。グエイ公園の造形、グエイ邸、そしてミラー邸の個性は、人間の創造力の地平を拓くものであり、見る者の心を揺さぶるものがある。個性的でいて普遍的とは何かを瞬時に理解させる作品がそこにはある。グローバル化が単純に地域性を希薄にして国籍不明のコスモポリタンを目指すものではないことをバルセロナは静かに示唆している。

ベルリンにて

一九九九年十二月、雪のベルリンに立った。冷戦の象徴であったベルリンの壁が崩壊して十年、この街は静かにミレニアム（千年紀）の越年を迎えようとしていた。OECDの会合への参加の合間をみつけ、ブランデンブルク門、ベルリンの壁博物館、森鷗外記念館を訪れたが、どこも二十世紀の意味を考える上で心の高まりを感ずる場であった。この季節のベルリンは極端に昼が短く、四時前には真っ暗になる。奇異なほど静かで重厚な街のクリスマスの飾り付けの中を、寒さを噛み締めるように歩いた。

ベルリンは再び東西統一ドイツの首都の地位を回復し、連邦議会、首相府など十二省庁が九九年八月には移転を完了した。国防省や環境省、郵政通信省など八省をボンに残した「分都」方式ではあるが、約八千人の公務員がボンから異動したといわれ、ベルリンの街は建設ラッシュが続いていた。東西に分断されてきた国家の統一の仕上げの意味で、「新首都」という壮大な実験が展開されているという印象であった。

百年前、この街にはウィルヘルム二世がいた。一八七一年にドイツ帝国を成立させた立役者たる宰相ビスマルクは第一線を退いていたが、ドイツ帝国の隆盛期であった。この時期のドイツに日本は深く影響された。本書においても言及してきたごとく、一八七三年（明治六年）の岩倉使節団のベルリン訪問を経て、日本は近代化のモデルを新興著しいドイツ帝国とした。森鷗外のドイツ留学もこの文脈のなかに位置づけられるものであった。

思えば、近代史の中で日本は二度も深くドイツに共鳴し影響を受けている。一度はビスマルクのドイツ帝国、そして二度目はヒットラーの第三帝国である。今世紀に二度も世界を敵にして戦争をしたドイツは深い反省の中で再建を模索し、再び統一国家として世紀末を迎えた。しかも、経済力では欧州統合の実体的な中核として「欧州の枠組みの中でのドイツの台頭」を演じている。東方展開で、かつての東欧圏への影響力を次第に強めている。近代史の中でのドイツ民族の三度目の高揚期という見方も成り立つ。シュレーダーの社民党政権の行方も定まらないが、この高揚するドイツとどのように付き合うのか、これからの日本の国際関係にとっての新たな課題となってくるであろう。「高揚するドイツ」は生真面目なドイツ人の性格と相俟って、思い詰めると途方もない挑戦に向かう可能性がないとはいえない。欧州はドイツへの猜疑心を消失させてはいない。

EUという新しい皮袋のなかで、国民国家と民族主義を超え、さらにはユーロ社民主義によって米国流市場主義とも一線を画しつつある欧州におけるドイツの存在は、二十一世紀の欧州を性格付ける重大な要素となるであろう。それは二十世紀における二度の敗戦と国家の分断という悲劇をドイツ民族がいかに総括しているかの帰結でもある。コソボやボスニアを見ても、民族差別や虐殺が決して過去のものではなく、極限の状況下では「レーシズム（人種差別主義）」が、今日でもためらいもなく台頭することが分かる。人類は決してこの問題を克服して二十一世紀に入るわけではない。それ故に、統一ドイツの首都ベルリンとEUのブラッセルの関係は、民族主義の基底と超克という意味で、実に二十一世紀的テーマなのである。

バルセロナとベルリンで締め括ろうとしている『一九〇〇年への旅』を改めて振り返るならば、

懸命に二十世紀の扉を開こうとしていた百年前の先達の姿が次々と蘇ってくる。特に、圧倒的な欧州の存在感に立ち向かった明治期日本の若者達の足跡を調べながら、何度となく深い感動に襲われたことを思い出す。秋山真之、夏目漱石、南方熊楠、森鷗外、広瀬武夫、明石元二郎、小村寿太郎、川上音二郎、クーデンホーフ・光子、これらの人達は百年前の欧州にそれぞれの思いを込めた足跡を残した。共通しているのは、徒手空拳で欧州文明に対峙しつつ、心の中に「和魂洋才」という文字を刻印していたかのごとく、決して日本人としてのアイデンティティーを見失わなかったことである。

過剰な民族的アイデンティティーにこだわる気持ちはないし、国家・民族が目指すべき価値と個人の人生における価値が一致していた「特殊な時代」が百年前だったのかもしれないとも思う。しかし、時代と関わる意思ということにおいて、明治の青年達が見せた情熱、そして圧倒的な欧州文明に対し自らを見失うまいと持ちつづけた問題意識は、時代を超えて評価されるべきものであろう。我々も、グローバル化と情報技術革新という時代潮流をうけて、新しい意味で自らを見失いかねないのだから。

この本は『一九〇〇年への旅』(注、改題『二十世紀から何を学ぶか』)としては、前篇の欧州篇である。国際情報誌「フォーサイト」での連載はアメリカ・太平洋篇に入っている。全体としては、これから約二年かけて完結したい。この作品には多くの人達の支援をいただいている。「フォーサイト」の編集長伊藤幸人氏には連載中も心強いナビゲーターになっていただいた。また、単行本化に当たっては、新潮社出版部の寺島哲也氏に『新経済主義宣言』『ワシントン戦略読本』に次いで三度目の世話になった。御二方の熱い心と卓越した専門性に感謝したい。

また、この本は体系的研究に裏付けられた作品とするために、グローバル・インフォメーション・ネットワーク（ＧＩＮ）というデータ調査マンの国際的ネットワークを維持する仕組みを立ち上げながら調査研究を重ねてきた。パリ、ロンドン、ワシントン、ニューヨークそして東京でこの作品のために多くの専門家が効率的に動いてくれた。ＧＩＮの仕組みを支援してくれた多くの方々に謝意を表したい。

思えば、世田谷の実家の両親が生まれたのが一九一〇年代であり、この作品が視界に入れてきた時代の大半を生きてきたということである。父も病に倒れ二年にわたる入院生活の中にある。両親が子供達の頃には、五十歳を過ぎてなお両親が健在という人は、千人に二人の確率だったという。五十歳を過ぎた人に両親が健在ということは今日では珍しいことではないが、やはり有難いことだと思う。多くの日本人がそうだったように、気まじめに精いっぱい二十世紀を生きてきた両親にこの本をささげたい。そして、大学生の頃、父の書棚でみつけた本にあった言葉を記し、本書の締めとしたい。

「道に迷わば木《き》を伐りて年輪を見よ」

一九九九年十二月

ブランデンブルク門を見渡すベルリンのホテルにて

選書版へのあとがき

今回、選書版『二十世紀から何を学ぶか(上)——一九〇〇年への旅 欧州と出会った若き日本』として刊行されることになった原題『一九〇〇年への旅・欧州篇』を雑誌「フォーサイト」に連載したのは一九九七年八月から一九九九年九月の二年間、まさに二十世紀末であった。欧州への取材を繰り返しながら、連載を続けていた頃が懐かしく思える。あれから七年を経て、欧州も変わった。私自身も数えてみるとその後十七回の欧州訪問の機会を重ね、東欧のみならず、ウクライナなどの旧ソ連圏やデンマークなどへの訪問を加えて、「中核の欧州」だけでなく「周辺の欧州」にも視界を広げることができた。また、二〇〇一年の九・一一同時テロ以降の展開の中で、英国・スペイン・イタリアのごとく米国と連帯してイラクに進撃した欧州もあったが、フランスやドイツのごとく米国と一線を画し、自己主張する欧州を目撃した。EUという欧州統合の実験も新たな局面を迎えている。こうした新たな状況を踏まえて二十一世紀の欧州がもつ意味を再考しておきたい。

二十一世紀の欧州──進む「欧州の欧州化」

二十一世紀を迎えた時点で十五カ国だったEUは、二〇〇四年五月から二十五カ国に拡大、ついに二〇〇七年からはブルガリアとルーマニアの加盟によって二十七カ国となった。これによって、欧州は黒海に到達したことになる。第二次大戦後、東西に分断されてきた欧州はロシアと国境を接することに回帰し、ついに、黒海にまでEUの旗が掲げられたということである。

成否が危ぶまれていた共通通貨ユーロも導入後四年を経て、二〇〇七年からはスロベニアの参加によって十三カ国体制となり、導入当初一ドルが一・〇六ユーロだったものが、二〇〇六年末には〇・七八ユーロと三割近く価値を高めた。石油の決済通貨に占めるユーロの比重の高まりなど、「第二の基軸通貨」と言ってよいほど国際的信任を確立しつつある。

二〇〇五年にはフランスやオランダでEU憲法条約の批准が国民投票によって拒否され、「欧州統合の流れは停滞している」という見方が流布しているが、むしろ統合の深化に対する加盟各国の国民意識における反発と懸念が「反作用」として表れているとみるべきであろう。それとても「欧州統合を解消しよう」というものではなく、その成果を認識しつつ、国民国家としての自国の利害に関心を向けているという状態である。

そもそも欧州統合の基本精神は、EUが掲げるスローガン「多様性のなかの統一」に象徴されており、多様な民族、文化、宗教を抱え込む欧州が、差異を前提としながらも協調と連携を深めていくところに主眼がある。様々な問題をはらみながらも、欧州統合の実験は着実に成果を挙げているとみるべきである。何よりも注目すべきは、EU総体が「周辺が中心を支える構造」に進化していることである。経済力・産業力に格差のある加盟国を抱え、EUが共通政策を追求していくことは困難を増すだろうという見方もあるが、実体は中核のドイツ、フランス、英国などを新たにEUに加わった周辺の国々の成長力が支えるという性格を深めているのである。統合のシナジーは確実に欧州を覆いつつある。

欧州統合の隠されたアジェンダが米国からの自立にあることも否定できない。「積極的自立」という言葉が使われているが、何からの自立かといえば、冷戦期の構図、つまり米国とソ連という超大国によって分断された欧州からの脱却にあるといえよう。二十一世紀の開幕直後に襲われた九・一一同時テロによって、欧州統合は米国との位置関係という意味での試練にさらされた。それは二十一世紀の世界秩序の中で欧州が果たす役割は何なのかを炙り出す機会ともなった。

テロの恐怖に逆上した米国がイラク戦争に突入していく頃、「ホッブスのアメリカ対カントの欧州」という言葉が聞かれた。「力こそ正義」として、世界最強の軍事力で「アメリカの正義」を実現しようとしたのがブッシュのアメリカであり、これに対してドイツ・フランスなどが主張したのはカントの恒久平和論ではないが「国際法理と国際協調システムの整備」を通じた世界秩序の模索という意味で、米欧のコントラストを際立たせる表現であった。この頃、ブッシュ政権は米国を支持した旧東欧圏の国々に対して、「古い欧州」に対する「新しい欧州」という表現で持ち上げ、米国と距離をとる独仏を牽制していた。そして結果として、我々が目撃することになったのは「イラクでの失敗」をもたらした「ホッブスのアメリカ」の挫折であった。

本書の「一九九九年　世紀末に向う欧州」において、「欧州は今『新欧州主義』を模索するための二つの実験に挑戦している」と書いた。二つの実験とは、「国民国家制を超える実験」であり、「ユーロ社民主義の実験」である。それからの七年間で、二つの実験はどうなったのか。国民国家制を超える「統合」の実験は、苦闘しながらも一定の成果を挙げつつあることは既に述べた。「ユーロ社民主義の実験」はどうか。一九九九年の初頭の段階で、EU加盟十五カ国の内、十三カ国が「中道左派」政権という状況であり、九七年にスタートしたブレア率いる英国の労働党政権がまだ輝きを放っていた。その後、欧州における中道左派勢力は、ベルギー、ルクセンブルグ、フランスと次々と政権を失い、「欧州の右傾化」という言葉が聞かれ始めた。〇六年末において、かつてのEU十五カ国中のわずか五カ国（この時点での拡大EU二十五カ国においては八カ国）が「中道左派」政権となっている。

それでも、「ユーロ社民主義」の根強さは、欧州を注視する視点において認識しておかねばならないポイントである。欧州と米国の二十世紀の差異は、欧州がことごとく「社会主義」というテーマに悩み抜いたのに対し、米国は社会主義政権を体験したこともなく、社会主義政党を育てたこともないという意味で、骨の髄まで資本主義の国という歴史を貫いたことにある。それ故に欧州流の資本主義と米国流の資本主義は大きく異なるものとなった。米国流資本主義を突き詰めるならば、「株主資本主義」という性格が強く、会社は株主のもので、株主にとって望ましい経営、すなわち株価が高く、配当が多く、株主への説明責任を果す経営が高く評価されるというものである。

これに対して、欧州流の資本主義は「ステークホルダー資本主義」とでもいうべきもので、株主のみならず、企業を取り巻く様々な利害関係者、例えば従業員、取引先、地域社会、国家、地球環境などにバランスよく付加価値を配分する経営を志向する性格が強い。とくに、「ユーロ社民主義」の伝統を色濃く反映し、労働組合の存在感が重く、従業員への付加価値の配分にこだわり続けているという印象が強い。それが、欧州の資本主義を息苦しいものにし、「資本の論理」からすれば、市場主義・競争主義の徹底を求めるグローバリズムへの旋回を促す状況ともいえるのだが、安易な株主価値最大化を抑制し、企業経営を思慮深くバランスのとれたものにしているとの見方もある。日本の資本主義のあり方を考える時も、欧州流資本主義の実験は、米国流の資本主義だけが選択肢ではないことを示唆しているのである。

ワシントン・ポストのロンドン支局長だったトム・リードが書いた『「ヨーロッパ合衆国」の正体』(邦訳、新潮社、二〇〇五年)は、米国人の眼から見た欧州動向についての興味深いレポートである。「ユーロッパ合衆国」という言葉を用いたのはチャーチルであり、さらに遡ればパン・ヨーロッパ思想の先駆者たるクーデンホーフ・カレルギーであった。米国のような連邦制国家を欧州に実現しようというものであるが、国民国家の障壁を超えて欧州を統一した連邦国家にする構想は現実的とは思えない。しかし、欧州が統合を通じて力をつけ復権しつつあるという認識は、「欧州にとって新大陸にすぎない」という出自を抱える米国人には、我々の理解を超える文脈での関心事項なのである。「米国の挑戦」と「欧州の逆襲」という構図は、米欧関係の歴史を貫くテーマであり、そして現下の局面は、再び欧州の新しい実験が歴史の主エンジンとなりつつあるということであろう。

P・F・ドラッカーという縦軸

二〇〇五年十一月、経営学者というより、二十世紀を代表する知の巨人、P・F・ドラッカーが九十五歳で亡くなった。一九〇九年、オーストリアのウィーンで生まれたドラッカーは、文字通り二十世紀を生き抜いたといえよう。その著『ドラッカー 20世紀を生きて——私の履歴書』(牧野洋訳・解説、日本経済新聞社、二〇〇五年)を読むと、知性を持って生きた欧州をオリジンとする人物の視角からの二十世紀が見えてくる。私は、『一九〇〇年への旅』で追いかけた舞台に、オーストリア、ドイツ、英国、そして米国で生きたドラッカーの人生を重ね合わせ、改めて知的興奮を覚えた。

ドラッカーの父親はオーストリア・ハンガリー二重帝国の外国貿易省の長官であった。大学進学を望む父親の期待を裏切るかのように、ドラッカーは十七歳でウィーンを去り、ドイツのハンブルクで貿易商社の見習いとなる。このドラッカーの少年期の二十世紀初頭のウィーンこそ、私が『一九〇〇年への旅』で描こうとしたウィーンであった。ヒットラーが貧乏画学生として悲惨な生活を送り、ユダヤ人への憎悪をたぎらせ始めたのも正にこの頃であった。フロイトが「夢の精神分析」を書き、心理学、社会心理学に新しい地平を拓いたのもこの頃のウィーンが舞台だった。驚いたことに、幼少期のドラッカーは父のサロン活動などを通じて、フロイトをはじめ経済学者のシュンペーター、作家トマス・マンなどとも触れ合っているのである。

ハプスブルク家の栄光を背景にした巨大帝国オーストリア・ハンガリー二重帝国が、第一次大戦を機に解体されて小国オーストリアとされる過程をドラッカーは目撃し、さらにドイツでの夕刊紙の記者時代の一九三二年には、台頭するナチスを追い、ヒットラーやゲッペルスへの単独インタビューを何度となく行っている。そうした体験から、誰もがあまりの単純さ故に軽視していたナチスの危険性を察知してロンドンに脱出、その後、米国に渡って二十九歳で処女作『経済人の終わり』を出版し、ナチス・ドイツと共産主義下のソ連の共通性を指摘して時代の観察者としての地歩を固め始めた。

ドラッカーの著作に思想性は際立たないようにみえるが、決してそうではない。彼の人生を貫く思想の基軸ともいえる「自由と民主主義の価値の尊重」「理性と客観性の重視」は、ナチや共産主義の脅威に立ち向かう経験から醸成されたものだということが分る。ナチと共産主義を同一視したことへの反発を受け、誘いを受けたタイム誌の編集者としての仕事を失うなど、時代との緊張の中に生き、守るべき価値や許されない不条理に対する強い問題意識を保ち続けたのである。ドラッカーは欧州と米国を舞台に二十世紀と格闘した。「一九〇〇年への旅」を続ける私としては、そのことに改めて深い感慨を覚える。

日欧関係の新しい意味

国民国家間の利害の調整という意味で苦闘してきた欧州は、グローバルな利害調整や秩序管理が問われる二十一世紀において、重要な役割を果たしはじめている。何よりも、欧州における国際機関の本部が果たす役割に注目したい。ジュネーブには十五の国連機関が本部を有し、国連欧州本部が存在する。WHOやILOをはじめ、WTO（世界貿易機関）の本部もジュネーブに置かれている。ウィーンには核管理の中心的役割を果たすIAEA（国際原子力機関）をはじめ、OPECの事務局も置かれ、エネルギー関係の情報の基点となっている。また、パリにはOECDの本部やその下部機関であるIEA（国際エネルギー機関）、さらにUNESCO本部があるほかアラブ世界研究所などの世界的な地域情報の集積点を形成している。

欧州に配置された国際機関の意味は、米国のワシントンに本部のある国際機関、例えばIMF（国際通貨基金）や世界銀行が、所謂「ワシントン・コンセンサス」という表現で総括されるごとく、米国政府の意向を強く反映した運営となりがちなのに対して、米国を参画させながらも欧州諸国の思惑を重層的に投影する濾過機のような性格を有しており、国際協調のプラットフォームを形成しているということである。

二十一世紀の日本の進路にとって重要な意味を持つと思われる中国、ロシアとの関係を考えるならば、欧州とこれらの国々の関係は注目すべき要素である。とくに、中国の国際化にとって欧州はその成否を映し出す鏡である。欧州の国際機関に出向している中国の外交団や中国に赴任している欧州の外交関係者が、中国の外交に与える影響は小さくない。

二〇〇五年春の中国での「反日デモ」に際し、欧州の厳しい目線が中国の行動を自制させる上で大きな意味を持ったことは間違いない。中国がジュネーブに本部のあるWTOに加盟したことによって、国際通商ルールに準拠した行動をとらざるをえない方向に中国も徐々に変わりつつあり、その舞台としての欧州の持つ意味は大きいのである。日本にとって、欧州との連携は中国と向き合う時にも戦略的要素である。同様に、「エネルギー帝国主義」という言葉さえ聞かれるロシアとの関係においても、日本としては欧州との連携を深めることで交渉力を高めることができるといえる。

戦後の日本人は、「米国に敗れた」との認識を土壌として、米国の対日占領政策を引きずって戦後レジームを構築してきたために、「アメリカを通じて世界を見る」という枠組みの中に沈潜してきた。そのことは、ヨーロッパの持つ意味を相対化させ、「ブランド商品の原産地」以上の意味を欧州に見出さなくなった。しかし、本書が描きだそうと試みてきたごとく明治以降の日本近代史は欧州をモデルとして形成されてきた。欧州を訪れた先人達が深く影響を受け、その中で苦闘したのが二十世紀の前半の日本であった。「失われた日欧関係」といわれる戦後なる時代を経て、二十一世紀の日本は再び欧州を新しい文脈で視界に入れざるを得ない局面を迎えている。

選書版で刊行することについては、これまでこの作品を見守ってくれた新潮社の伊藤幸人、寺島哲也両氏に加え、原宏介氏に御世話になった。作品は時とともに変質していく。一度世に問うた本を風化させるのではなく、時を経て思索を深めて進化させるような本にする意欲を刺激し続けてくれたのは、新潮社の三人の方々である。なお、道遠しであるが。

箱根山にて

二〇〇七年二月

主要参考文献リスト

20世紀理解全般関連

1. A History of The Twentieth Century (volume one : 1900-1933), Martin Gilbert, Avon Books, Inc., 1997
2. Chronology of the 20th Century, P. Waller and J. Rowett, Helicon Publishing Ltd., 1995
3. Collecting The 20th Century, edited by F. Carey, British Museum Press, 1991
4. People's Century, Godfrey Hodgson, BBC, 1995
5. Citizens of The Twentieth Century, August Sander, MIT Press, 1997
6. A Study of History, Oxford Univ. Press, 1972
7. The Triumph of the West, J. M. Roberts, BBC, 1985
8. Nations and Nationalism Since 1780, E. J. Hobsbawm, Cambrige Univ. Press, 1990
9. The Rise and Fall of the Great Powers, Paul Kennedy, Random House, 1987
10. Modern times, Modern Places, Peter Conrad, Alfred Knopf, Inc., 1998
11. Age of Extremes—The Short Twentieth Century 1914-1991, E. J. Hobsbawm, David Higham Ltd., 1994
(邦訳「極端な時代、20世紀の歴史」河合秀和訳，三省堂，1996)

1. 20世紀の遺産，永井陽之助編，文藝春秋，1985
2. 燃え続けた20世紀①②③，A. L. サッチャー，大谷堅志郎訳，サイマル出版会，1997新版，初版1972
3. 20世紀を読む，ユリイカ，1997年 4 月臨時増刊
4. 二十世紀とは何であったか，小林道憲，NHKブックス，1994
5. 百年前の二十世紀，横田順彌，筑摩書房，1994
6. 20世紀は人間を幸福にしたか，柳田邦男，講談社，1998
7. 二十世紀を読む，丸谷才一・山崎正和，中央公論新社，1996
8. 20世紀との訣別，蓮實重彥・山内昌之，岩波書店，1999
9. 二十世紀をどう見るか，野田宣雄，文春新書，1998
10. 二十世紀と私，D. リースマン，永井陽之助訳，中公新書，1982
11. 傍観者の時代—わが20世紀の光と影，P. F. ドラッカー，風間禎三郎訳，ダイヤモンド社，1979
12. 二十世紀の政治思想，小野紀明，岩波テキストブックス，1996
13. 20世紀の自然観革命，和田純夫，朝日選書，1997
14. 失楽園都市—20世紀の夢と挫折，松葉一清，講談社選書メチエ，1995
15. 20世紀—どんな時代だったのか（全 5 巻），読売新聞社編，読売新聞社，1997年より新聞連載後順次刊行
16. 100人の20世紀，朝日新聞社編，朝日新聞社，1998年より新聞連載後1999年刊行
17. 20世紀特派員，産経新聞社「20世紀特派員」取材班編，産経新聞社，1997年より新聞連載後順次刊行
18. 文化としての20世紀，吉川弘之他，東京大学公開講座64，東京大学出版会，1997

19. 年表で読む二十世紀思想史，矢代梓，講談社，1999
20. 現代史の中で考える，高坂正堯，新潮選書，1997
21. 思想の折り返し点で，久野収・鶴見俊輔，朝日選書，1998
22. 20世紀の思想，加藤尚武，PHP新書，1997
23. 資本主義の世界史，ミシェル・ボー，筆宝康之他訳，藤原書店，1996，原書1995
24. 情報の歴史，松岡正剛監修，編集工学研究所構成，NTT出版，増補版1996
25. 日本史史料（近代），歴史学研究会，岩波書店，1997
26. 朝日新聞，縮刷版，1899～1901
27. How It All Began, W. W. Rostone, METHUEN, 1975
28. The Competitive Advantage of Nations, Michael E. Porter, FREE PRESS, 1990
29. 大国の興亡，ポール・ケネディー，鈴木主税訳，草思社，1993，原書1987
30. 世界の歴史（全30巻のうち22～30），樺山紘一他編，中央公論新社，1998～99
31. 講座世界史（全12巻），歴史学研究会編，東京大学出版会，1996
32. 戦争の世界史，大澤正道他，日本文芸社，1997

欧州20世紀史全般関連

1. パン・ヨーロッパ（クーデンホーフ・カレルギー全集１），クーデンホーフ・カレルギー，鹿島守之助訳，鹿島出版会，1926，新版1970
2. ヨーロッパ「近代」の終焉，山本雅男，講談社現代新書，1992
3. 西洋の没落，O. シュペングラー，村松正俊訳，五月書房，1978，原書1924
4. 欧州経済史，大塚久雄，岩波書店，1973
5. ヨーロッパの解剖，アンソニー・サンプソン，小松直幹訳，サイマル出版会，1972，原書1968
6. 文久二年のヨーロッパ報告，宮永孝，新潮選書，1989
7. 漱石とその時代Ⅰ・Ⅱ，江藤淳，新潮選書，1970
8. 西欧文明の原像，木村尚三郎，講談社学術文庫，原書「人類文化史」シリーズ第５巻，1974
9. 誤解　ヨーロッパ vs 日本，E. ウィルキンソン，徳岡孝夫訳，中央公論社，1980
10. ヨーロッパ・ヒューマニズムの限界，会田雄次，新潮社，1966
11. ヨオロッパの世紀末，吉田健一，岩波文庫，1994，初版1970新潮社
12. European Economic Integration 1815-1970, Sidney Pollard, Thames and Hudson, 1974
13. 二〇世紀のヨーロッパ，野田宣雄編，有斐閣新書，1980
14. 統合ヨーロッパの民族問題，羽場久浘子，講談社現代新書，1994
15. 東ヨーロッパ，森安達也・南塚信吾，朝日新聞社，1993
16. ユーゴ紛争，千田善，講談社現代新書，1993
17. ボスニアで起きたこと，伊藤芳明，岩波書店，1996
18. Serbia under Milosevic, Robert Thomas, Hurst, 1999
19. KOSOVO, Neel Malcolm, Macmillan, 1998
20. Yugoslav Drama, N. Crnobrnja, I. B. TAURIS, 1994

「1900年パリ」関連

1. 博覧会の政治学，吉見俊哉，中公新書，1992
2. 19世紀フランス 愛・恐怖・群衆，小倉孝誠，人文書院，1997
3. 絶景パリ万国博覧会，鹿島茂，河出書房新社，1992
4. パリの奇跡，松葉一清，講談社現代新書，1990
5. エッフェル塔，ロラン・バルト，ちくま学芸文庫，邦訳1979，原書1964
6. パリの誘惑，村上光彦，講談社現代新書，1992
7. 日本の開国，フランシス・マクワン，創元社，1996，原書1990
8. フランスの脅威，ハドソン研究所，サイマル出版会，1974，原書1973
9. ナチ占領下のフランス，渡辺和行，講談社選書メチエ，1994
10. パリ・貧困と街路の詩学，今橋映子，都市出版，1998
11. 100年前のパリ I・II（「Le PANORAMA PARIS Instantane」），マール社編集部編，マール社，1996
12. フランス（世界の歴史と文化シリーズ），清水徹・根本長兵衛監修，新潮社，1993
13. フランス生活文化史，木村英雄，近代文藝社，1994
14. 知恵大国フランス，塚本一，講談社，1992
15. パリ（世界の都市の物語），木村尚三郎，文藝春秋，1992
16. フランス敗れたり，アンドレ・モーロア，大観堂，1940，原書1939
17. 二十世紀のパリ，ジュール・ヴェルヌ，集英社，1995，原書1863執筆，仏語版1994
18. 西園寺公望傳（全4巻，別巻2），立命館大学編，岩波書店，1990
19. 福翁自伝，福澤諭吉，岩波文庫，初版1899時事新報社
20. Monet—The Ultimate Impressionist, Sylvie Patin, Thames and Hudson, 1991
21. Picasso—Master of the New, Marie-dame Bernadac, Thames and Hudson, 1986
22. ピカソ・剽窃の論理，高階秀爾，筑摩書房，1964
23. ジャポニスム幻想の日本，馬淵明子，ブリュッケ・星雲社発売，1997
24. 近代日本の海外留学史，石附実，中公文庫，1992，初版1972ミネルヴァ書房
25. 寺島宗則，高橋善七，国書刊行会，1989
26. 国際電気通信発達略史，KDD編，1981
27. 挑戦と創造——三井物産社史，三井物産編，1974

「1900年ロンドン」関連

1. ロンドン庶民生活史，R. J. ミッチェル他，みすず書房，1971，原書1958
2. ゆきづまった社会，M. シャンクス，江間時彦他訳，至誠堂，1968，原書1961
3. 100年前のロンドン（The Descriptive Album of London），マール社編集部編，マール社，1996
4. 達人たちの大英博物館，松居竜五他，講談社選書メチエ，1996
5. 大英帝国衰亡史，中西輝政，PHP研究所，1997
6. 日英の間で，ヒュー・コータッツィ，日本経済新聞社，1998
7. 漱石の倫敦、ハワードのロンドン，東秀紀，中公新書，1991

8. イギリスと日本，森嶋通夫，岩波新書，1977
9. イギリス魂，ルイ・カザミヤン，社会思想社現代教養文庫，1970，原書1947
10. 日本人とイギリス，今井宏，ちくま新書，1994
11. ロンドンの夏目漱石，出口保夫，河出書房新社，1982
12. 「漱石全集」(全18巻)，夏目漱石，岩波書店，1984～86
13. ブレアのイギリス，舟場正富，PHP新書，1998
14. イギリス議会史，中村英勝，有斐閣双書，新版1977
15. 決断するイギリス，黒岩徹，文春新書，1999
16. 第三の道，アンソニー・ギデンズ，佐和隆光訳，日本経済新聞社，1999，原書1998
17. これが英国労働党だ，林信吾，新潮選書，1999
18. The New Anatomy of Britain, Anthony Sampson, Hodder and Stonghton, 1971
19. The Story of the British Museum, Marjorie Caygill, British Museum, 1985
20. The Savoy, Stanley Jackson, Muller, 1989
21. 南方熊楠文集（全2巻），岩村忍編，平凡社東洋文庫，1979
22. 南方熊楠，笠井清，吉川弘文館人物叢書，新装版1985
23. 南方熊楠一切智の夢，松居竜五，朝日選書，1991
24. 二十世紀の経済学，根井雅弘，講談社学術文庫，1995，初版1992名古屋大学出版会
25. ケインズ―時代と経済学，吉川洋，ちくま新書，1995
26. ケインズ全集，イギリス王立経済学会編，東洋経済新報社，1977～
27. ケインズ，伊東光晴，岩波新書，1962
28. ケインズ―文明の可能性を求めて，早坂忠，中公新書，1969
29. 資本主義・社会主義・民主主義，シュムペーター，中山伊知郎他訳，東洋経済新報社，1962，原書1950
30. 20世紀のマルクス主義，R. ガロディ，竹内良知訳，紀伊国屋書店，1968，原書1966
31. マルクス・エンゲルス（世界の名著），鈴木鴻一郎編，中央公論社，1980
32. 今こそマルクスを読み返す，廣松渉，講談社現代新書，1990
33. マルクス・エンゲルス小伝，大内兵衛，岩波新書，1964
34. 人間マルクス，ピエール・デュラン，大塚幸男訳，岩波新書，1971，原書1970
35. マルクス その可能性の中心，柄谷行人，講談社学術文庫，1990
36. 資本論の世界，内田義彦，岩波新書，1966
37. 演劇五十年，戸板康二，時事通信社，1950

「1900年ウィーン」関連

1. 世紀末ウィーン，カール・E. ショースキー，安井琢磨訳，岩波書店，1983，原書1979
2. ウィーン世紀末文化，木村直司編，東洋出版，1993
3. ウィーン，上田浩二，ちくま新書，1997
4. ウィーン，山之内克子，講談社現代新書，1995

5. WIEN INNERE STADT 1870-1910, H. H. Seemann, Herstellung : REMA PRINT, 1995
6. Freud, Dora, and Vienna 1990, H. S. Decker, FREE PRESS, 1991
7. フロイト，ピエール・ババン，小此木啓吾監修，「知の再発見」双書24，創元社，1992，原書1990
8. フロイト その思想と生涯，R. ベイカー，宮城音弥訳，講談社現代新書，1975，原書1952
9. ハプスブルクの実験―多文化共存を目指して―，大津留厚，中公新書，1995
10. ハプスブルク家，江村洋，講談社現代新書，1990
11. ハプスブルク一千年，中丸明，新潮社，1998
12. ワルトハイム 消えたファイル，R. E. ハーズスタイン，佐藤信行他訳，共同通信社，1989，原書1988
13. 歴史のなかのウィーン，増谷英樹，日本エディタースクール出版部，1993
14. 反ユダヤ主義―世紀末ウィーンの政治と文化，村山雅人，講談社選書メチエ，1995
15. クーデンホーフ光子，南川三治郎，河出書房新社，1997
16. クーデンホーフ光子伝，木村毅，鹿島出版会，1971
17. 蝶の埋葬―クーデンホーフ・ミツコ伝説，吉田直哉，岩波書店，1997

「1900年ローマ」関連

1. Mussolini and Fascist Italy, Martin Blinkborn, ROUTLEDGE, 1984
2. Italian Fascism 1919-1945, Philip Morgun, Macmillan Press, 1995
3. Italy Since 1800, Roger Absalon, Longman Group Limited, 1995
4. Man of the Century—The Life and times of Pope John Paul II, Jonathan Kwitny, Little Brown and Company, 1997
5. ムッソリーニ，ローラ・フェルミ，柴田敏夫訳，紀伊国屋書店，1967，原書1961
6. ローマ人の世界，ロジェ・アヌーン他，青柳正規監修，「知の再発見」双書60，創元社，1996，原書1993
7. イタリア 歴史の旅，坂本鉄男，朝日選書，1992
8. 概説イタリア史，清水廣一郎他編，有斐閣選書，1988
9. 永遠のファシズム，ウンベルト・エーコ，和田忠彦訳，岩波書店，1998，原書1997
10. ローマ法王，竹下節子，ちくま新書，1998
11. ローマ教皇，F. シオヴァロ、J. ベシエール，鈴木宣明監修，「知の再発見」双書64，創元社，1997，原書1995
12. ローマはなぜ滅んだか，弓削達，講談社現代新書，1989
13. ヒトラー＝ムッソリーニ秘密往復書簡，アンドレ・フランソア＝ポンセ，大久保昭男訳，草思社，1996，原書1946

「1900年マドリッド」関連

1. スペインの歴史，立石博高他編，昭和堂，1998
2. スペイン1898年の世紀，P. ライン・エントラルゴ，森西路代他訳，れんが書店

新社，1986，原書1945
3. スペイン内戦，ピエール・ヴィラール，立石博高他訳，白水社クセジュ文庫，1993，原書1986
4. スペイン戦争，斉藤孝，中公新書，1966
5. スペイン現代史，若松隆，岩波新書，1992
6. スペイン読本，逢坂剛編，福武文庫，1987
7. 新世界のユートピア，増田義郎，研究社出版，1971
8. スペイン革命全歴史，バーネット・ボロテン，渡利三郎訳，晶文社，1991，原書1979
9. 図説スペインの歴史，川成洋，河出書房新社，新版1994
10. バルセローナ，神吉敬三，文藝春秋，1992
11. スペインの沈黙，堀田善衞，ちくま文庫，1986
12. バルセローナにて，堀田善衞，集英社文庫，1994
13. スペイン戦争，川成洋，朝日選書，1989
14. ドン・キホーテをめぐる思索，オルテガ・イ・ガセット，佐々木孝訳，未来社，1987，原書1914
15. ドン・キホーテ正編，セルバンテス，永田寛定訳，岩波文庫，1948，原書1605
16. ドン・キホーテの哲学，佐々木孝，講談社現代新書，1976
17. ウナムーノ著作集（全5巻），法政大学出版局，1972～75
18. バルセローナ，岡村多佳夫，講談社現代新書，1991
19. コロンブス，青木康征，中公新書，1989
20. バルセロナ、秘数3，中沢新一，中公文庫，1992
21. Antoni Gaudi, Rainer Zerbst, TASCHEN, 1993

「1900年ハーグ」関連

1. ハーグ平和会議と日本（雑誌「軍縮」1999年1月号所収），西田勝
2. 朝日新聞縮刷版，1899年5月～8月，1907年6月～10月

「1900年サンクト・ペテルブルク」関連

1. ロシヤ戦争前夜の秋山真之，島田謹二，朝日新聞社，1990
2. ロシヤにおける広瀬武夫，島田謹二，朝日新聞社，1976
3. 明石工作，稲葉千晴，丸善ライブラリー，1995
4. ニコライII世，ドミニク・リーベン，小泉摩耶訳，日本経済新聞社，1993，原書1993
5. ロシア革命の考察，E. H. カー，南塚信吾訳，みすず書房，1969，原書1967
6. ロシア革命五十年，I. ドイッチャー，山西英一訳，岩波新書，1967，原書1967
7. 大いなる失敗，Z. ブレジンスキー，伊藤憲一訳，飛鳥新社，1989，原書1989
8. 現代とレーニン，ポール・スウィージー他編，坂井秀夫他訳，福村出版，1972，原書1970
9. レーニン，和田春樹編，平凡社，1977
10. 歴史としてのスターリン時代，菊地昌典，盛田書店，1966
11. ノーメンクラツーラ―ソヴィエトの支配階級，M. S. ヴォスレンスキー，中央公

論社，1988，原書1988
12. 日露戦争，古屋哲夫，中公新書，1966
13. バルチック艦隊，大江志乃夫，中公新書，1999
14. 遣米使節と露英対決篇（近世日本国民史），徳富蘇峰，講談社学術文庫，1991，初版1932

「1900年ベルリン」関連

1. ヒトラーという男，ハラルト・シュテファン，滝田毅訳，講談社選書メチエ，1998，原書1983
2. ドイツと日本，小塩節，講談社学術文庫，1994
3. 概説ドイツ史，望田幸男他編，有斐閣選書，新版1992
4. ヒトラーとユダヤ人，大澤武男，講談社現代新書，1995
5. 物語ドイツの歴史，阿部謹也，中公新書，1998
6. 米欧回覧実記（全５冊），久米邦武編，岩波文庫，1977
7. 堂々たる日本人—知られざる岩倉使節団—，泉三郎，祥伝社，1996
8. 陸奥宗光（日本の名著），萩原延壽編，中央公論社，1984
9. 小村寿太郎とその時代，岡崎久彦，PHP研究所，1998
10. 陸奥宗光とその時代，岡崎久彦，PHP研究所，1999
11. 鷗外と漱石 明治のエートス，三好行雄，金鶏叢書，力富書房，1983
12. 森鷗外（日本文学アルバム５），唐木順三他，筑摩書房，1954
13. 鷗外 闘う家長，山崎正和，河出書房新社，1972
14. 森鷗外 もう一つの実像，白崎昭一郎，吉川弘文館，1998
15. 鷗外・五人の女と二人の妻，吉野俊彦，ネスコ・文藝春秋発売，1994
16. 近代日本文学の系譜……鷗外と漱石，福田恒存，「文学」，1946年6月号
17. 鷗外と漱石（岩波講座「文学」４），荒正人，岩波書店，1954
18. 若き日の森鷗外，小堀桂一郎，東京大学出版会，1969
19. 森鷗外私論，吉野俊彦，毎日新聞社，1972

さ

人名・事項さくいん（五十音順）

本書は、二〇〇〇年に新潮社から刊行された『一九〇〇年への旅——あるいは、道に迷わば年輪を見よ』に加筆・修正を行い、選書に改編したものである。

新潮選書

二十世紀《にじつせいき》から何《なに》を学《まな》ぶか(上)
一九〇〇年《ねん》への旅《たび》 欧州《おうしゅう》と出会《であ》った若《わか》き日本《にほん》

著　者……………寺島《てらしま》実郎《じつろう》

発　行……………2007年5月25日

発行者……………佐藤隆信
発行所……………株式会社新潮社
〒162-8711 東京都新宿区矢来町71
電話　編集部 03-3266-5411
　　　読者係 03-3266-5111
http://www.shinchosha.co.jp
印刷所……………大日本印刷株式会社
製本所……………株式会社大進堂

ISBN978-4-10-603581-4 C0395